Bernard Evslin

Zeus & Co.

Göttliche Geschichten aus
der griechischen Mythologie

Mit Bildern von
Rotraut Susanne Berner

Aus dem Amerikanischen
von Isabell Lorenz

Carl Hanser Verlag

Die Originalausgabe erschien unter dem Titel
Heroes, Gods and Monsters of The Greek Myths
bei Bantam Books, New York 1975

2 3 4 5   97 96 95 94

ISBN 3-446-17265-3
Satz: Reinhard Amann, Aichstetten
Lithos: Wartelsteiner GmbH, Garching
Druck und Bindung:
Offizin Andersen Nexö, Leipzig
Printed in Germany

Inhalt

Die Götter

DIE GÖTTER

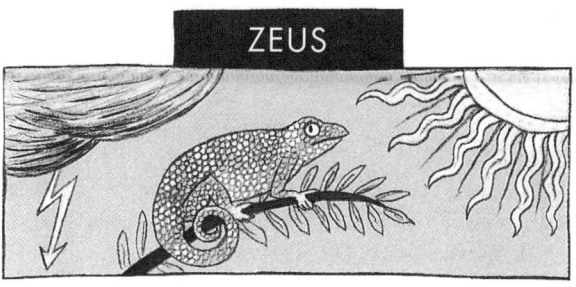

ZEUS

Kronos, der Göttervater, der der Zeit seinen Namen gab, heiratete seine Schwester Rhea, die Göttin der Erde. Nun war aber Kronos der König der Götter geworden, indem er seinen Vater Uranos, den Ersten von Allen, getötet hatte. Der sterbende Uranos hatte prophezeit: »Jetzt tötest du mich und raubst mir den Thron – doch bald wird einer deiner eigenen Söhne dich entthronen, denn Frevel erzeugt wieder Frevel.«

Daher war Kronos aufs äußerste besorgt. Eines nach dem anderen verschlang er seine Kinder, kaum daß sie geboren waren. Zuerst drei Töchter – Hestia, Demeter und Hera; dann zwei Söhne – Hades und Poseidon. Eines nach dem anderen verschlang er sie alle.

Rhea raste vor Wut. Sie war entschlossen, ihr nächstes Kind, von dem sie mit Gewißheit annahm, es würde ein Junge werden, nicht fressen zu lassen. Als die Zeit nahte, da sie niederkommen sollte, stahl sie sich die Hänge des Olymp hinab, hin zu einem geheimen Ort, an dem sie ihr Kind zur Welt bringen wollte. Es war ein Sohn, und sie nannte ihn Zeus. Sie hängte eine goldene Wiege in die Zweige eines Olivenbaumes und legte ihn dort schlafen. Dann stieg sie wieder hinauf auf den Gipfel des Berges. Sie nahm einen Stein und wickelte ihn in Windeln, preßte ihn an ihre Brust und summte ein Schlaflied dabei. Schnaubend und brüllend stieg Kronos aus seinem großen Bett, entriß ihr das Bündel und verschlang es mitsamt den Windeln.

Rhea schlich sich den Berg hinab zu der hin- und herschwingenden Wiege und trug ihren Sohn in die Felder. Sie gab ihn zu einer Schäferfamilie, die ihn aufziehen sollte, und versprach den Leuten dafür, daß nie ein Wolf ihre Schafe reißen würde.

Hier wuchs Zeus zu einem schönen Jüngling heran, und Kronos, sein Vater, wußte nichts von ihm. Doch schließlich sehnte sich Rhea nach ihrem Sohn, brachte ihn zurück zum Sitz der Götter und stellte ihn Kronos als neuen Mundschenk vor. Kronos fand Gefallen an ihm, weil der Jüngling so schön war.

Eines Abends bereiteten Rhea und Zeus einen besonderen Trank zu. Sie mischten Salz und Senf in den Nektar. Am nächsten Morgen, nachdem Kronos einmal heftig geschluckt hatte, erbrach er zuerst einen Stein und dann Hestia, Demeter, Hera, Hades und Poseidon, die – sie waren ja Götter – immer noch unverdaut in seinem Magen gelegen hatten und immer noch am Leben waren. Sie dankten Zeus und wählten ihn sogleich zu ihrem Anführer.

Daraufhin entbrannte ein schrecklicher Kampf. Kronos erhielt Hilfe von den Titanen, seinen Halbbrüdern, riesigen, verkrümmten, finsteren Gestalten, größer als Bäume, die er in den Bergen gefangenhielt, bis er sie für eine Schlacht brauchte.

Rasend vor Wut griffen sie die jungen Götter an.
Doch auch Zeus hatte Verbündete. Er war in noch
finsterere unterirdische Behausungen vorgedrun-
gen – Höhlen unter Höhlen unter Höhlen, tief
im Innern der Berge, die aus den Luftblasen der
erkaltenden Erde entstanden waren. Hier hatte
Kronos Hunderttausende von Jahren zuvor (eine
kurze Zeitspanne im Leben eines Gottes) noch andere Ungeheuer gefangengesetzt, nämlich die
einäugigen Zyklopen und die hundertarmigen
Riesen. Zeus befreite diese häßlichen Vettern von
ihren Fesseln und führte sie gegen die Titanen.

Ein heftiges Lärmen und Stürmen ging durch die Lüfte. Die Menschen auf der Erde hörten tosenden Donner und sahen die Berge einstürzen. Die Erde bebte, und Flutwellen rollten heran, als die Götter kämpften. Die Titanen waren riesig wie Bäume, und der alte Kronos war ein erfahrener Heerführer. Voller Ungestüm griff er an und trieb die jungen Götter vor sich her. Doch Zeus hatte ihm eine Falle gestellt. Auf halber Höhe des Olymp pfiff er, um seinen Vettern, den hundertarmigen Riesen, die dort im Hinterhalt lagen, ein Zeichen zu geben. Sie hoben gewaltige Felsblöcke in die Höhe, jeder von ihnen einhundert an der Zahl, und schleuderten sie den Titanen entgegen. Die Titanen meinten, der ganze Berg stürze über ihnen zusammen. In ungeordneten Scharen flohen sie Hals über Kopf.

Der junge Hirtengott Pan jubelte vor Freude. Später sagte er, es sei sein Jubelschrei gewesen, der die Titanen in die Flucht geschlagen habe. Daher stammt unser Wort »Panik«.

Da stiegen die jungen Götter auf den Olymp, nahmen die Götterburg in Besitz, und Zeus wurde ihr König. Niemand weiß, was aus Kronos und seinen Titanen geworden ist. Doch immer noch speien die Berge gelegentlich Feuer, und immer noch bebt die Erde, und niemand kann genau sagen, warum.

Nun regierten diese Götter bereits seit nahezu drei Jahrtausenden. Es waren ihrer viele, doch gab es zwölf Hauptgötter. Zeus heiratete seine Schwester Hera – eine Familiensitte. Sie stritten sich ohne Unterlaß. Er erzürnte sie durch seine Seitensprünge, und sie erboste ihn mit ihren ständigen Verdächtigungen. Sie war eine Meisterin im Ränkeschmieden und hatte keine Mühe, Zeus, der mit so vielen anderen Dingen beschäftigt war, zu überlisten.

Einmal überredete sie die anderen Götter zu einer Verschwörung gegen ihn. Sie mischte seinem Trank ein Schlafmittel bei; die anderen umringten ihn, während er schlief, und banden ihn mit Lederriemen. Er wütete und tobte und schwor, er würde sie alle vernichten, aber sie hatten seinen Donnerkeil gestohlen, und er konnte sich nicht von seinen Fesseln befreien.

Doch sein treuer Vetter, der hundertarmige

Briareos, der ihm schon gegen die Titanen beige-
standen hatte, arbeitete für ihn als Gärtner. Er hörte den Streit, als er gerade unter dem Burgfenster
stand, schaute hinein und sah seinen Herrn gefesselt auf seiner Lagerstatt. Er reckte seine hundert
langen Arme durch das Fenster und löste die hundert Knoten.

Zeus sprang auf und griff nach seinem Donnerkeil. Die zu Tode erschrockenen Verschwörer fielen auf die Knie und weinten und flehten. Er ergriff Hera, legt sie in goldene Ketten und hängte
sie an den Himmel. Und die anderen wagten

nicht, sie zu befreien, obwohl ihre Stimme klang wie der klagende Wind. Doch ihr Weinen ließ Zeus nicht schlafen. Am nächsten Morgen erklärte er ihr, er werde sie freilassen, falls sie ihm ihr Wort gebe, sich nicht mehr gegen ihn zu erheben. Sie versprach es, und auch Zeus versprach, er werde sich bessern. Doch sie beobachteten einander doppelt aufmerksam.

Zeus war der König der Götter, der Herr des Himmels. Seine Schwester Demeter war die Erdgöttin, die Herrin über alles, was auf Wiesen und Feldern wächst. Seine Schwester Hera, die Königin der Götter, war gleichzeitig seine Gemahlin. Sein Bruder Poseidon war der Meeresgott. Sein anderer Bruder Hades herrschte über ein dunkles Reich, die Unterwelt, das Land jenseits des Todes.

Die anderen Götter des Pantheons waren Kinder des Zeus; drei davon waren auch Heras Kinder, nämlich Ares, der Kriegsgott, Hephaistos, der Gott des Feuers und der Schmiedekunst, und Eris, die Göttin der Zwietracht, die schreiend und kreischend neben Ares auf dessen Streitwagen fuhr. Die übrigen Kinder des Zeus entstammten außerehelichen Verbindungen. Drei von ihnen fanden Aufnahme im Pantheon.

Das erste dieser Kinder war Athene, und wie sie zur Welt kam, soll im nächsten Kapitel erzählt werden.

ATHENE

Eines Morgens schlenderte Zeus die Hänge des Olymp entlang, da sah er ein neues Mädchen in seinem Garten spazierengehen. Es war Metis, eine Titanin, Tochter eines seiner alten Feinde. Doch der Krieg war längst vorüber, und sie war schön. Er eilte den Hügel hinab, hinter ihr her.

Sie verwandelte sich in einen Habicht und flog davon. Da verwandelte auch er sich in einen Habicht und flog hinter ihr her. Sie flog über einen See, tauchte hinein und wurde zu einem Fisch. Auch er wurde zu einem Fisch und schwamm hinter ihr her. Sie kletterte ans Ufer, wurde zu einer Schlange und schlängelte davon. Er verwandelte sich ebenfalls in eine Schlange und schlängelte hinter ihr her und holte sie ein. Und in wunderschönen Windungen verflochten sich die beiden Schlangen ineinander.

Nachdem er sie verlassen hatte, hörte er einen Vogel schreien und einen Fisch springen, und diese Geräusche der Natur vereinigten sich zu einer Prophezeiung, die aus dem raschelnden Laub widerhallte: »O Zeus, Metis wird ein Kind gebären, ein Mädchen. Doch falls sie noch einmal gebären sollte, wird es ein Sohn sein, der dich entthronen wird, so wie du Kronos entthront hast.«

Am nächsten Tag ging Zeus wieder in seinen Garten und traf dort Metis an. Diesmal floh sie nicht vor ihm. Sanft sprach er zu ihr und lächelte. Sie kam auf ihn zu. Plötzlich öffnete er seinen Mund und verschlang sie.

Am selben Nachmittag bekam er Kopfschmerzen – die heftigsten Kopfschmerzen, die je ein Wesen, Gott oder Mensch, seit Anbeginn der Zeiten erlitten hatte. Es war genau so, als wäre jemand in ihm und stoße mit einem Speer gegen alle empfindlichen Stellen seines Kopfes. Er rief nach Hephaistos, der mit Hammer und Keil herbeieilte. Zeus legte seinen Kopf auf den Amboß, und Hephaistos spaltete den mächtigen Schädel. Dann sprang Hephaistos erschrocken zurück, denn aus dem Haupt des Zeus sprang eine große junge Frau in voller Rüstung, mit einem langen Speer in der Hand.

Es war Athene, die Grauäugige, die Hochstirnige. Die Art und Weise ihrer Geburt machte sie zur Herrscherin über alle geistigen Tätigkeiten. Sie war es, die den Menschen lehrte, mit Werkzeugen

19

umzugehen. Sie lehrte ihn, die Axt zu erfinden, den Pflug, das Joch, das Rad und das Segel. Sie lehrte sein Weib das Spinnen und Weben. Sie ersann die Wissenschaft der Zahlen und brachte sie dem Mann bei – nicht jedoch der Frau. Sie haßte Ares und machte sich ein Vergnügen daraus, auf dem Schlachtfeld seine Pläne zu vereiteln. Trotz all seiner gewaltigen Kraft besiegte sie ihn oft, denn sie war eine Meisterin der Strategie. Vor der Schlacht beteten die Heerführer zu ihr und flehten um taktisches Geschick. Vor dem Prozeß beteten die Richter zu ihr und flehten um Weisheit. Sie war es, die behauptete, Mitleid sei der beste Teil der Weisheit. Die anderen Götter wußten nicht, was sie damit meinte. Doch der eine oder andere Mensch verstand sie und war dankbar. Alles in allem war sie von den Göttern und Göttinnen des Pantheons wohl die meistgeliebte. Die Bewohner von Athen benannten ihre schöne Stadt nach ihr.

Es gibt viele Geschichten über Athene – über ihr Kampfgeschick, ihre Weisheit und ihre Güte. Doch wie die anderen Götter war auch sie sehr eifersüchtig. Eine der eindrucksvollsten Geschichten ist die mit Arachne.

Arachne war ein junges Mädchen und lebte in Lydien, einer Landschaft, die berühmt war für ihren purpurnen Farbstoff. Arachnes ganze Freude war das Weben, und sie webte die schönsten

Dinge, die je ein
Mensch zu Gesicht
bekam: Umhänge,
wärmer als Pelze,
doch so leicht,
daß man sie auf den
Schultern kaum
spürte; Wandbehänge,
mit so wunderbaren
Bildern bestickt, daß
Vögel durchs Fenster
hereinflogen und die
Kirschen von dem ge-
webten Zweig zu fressen
versuchten. Sie war noch
sehr jung, und jedermann
lobte sie – und bald fing

sie an, sich selbst zu loben. Sie sagte: »Ich, ja ich,
bin die beste Weberin auf der ganzen Welt. Und
sicher die beste seit Anbeginn der Erde. Wahrlich,
ich kann besser weben als sogar Athene.«

Natürlich kam dies Athene zu Ohren. Die Götter sind sofort zur Stelle, wenn sie Kritik hören,
und sie reagieren prompt. So kam sie auf die Erde,
in das kleine Dorf, in dem Arachne lebte.

Arachne war im Haus. Sie saß am Spinnrad. Da
hörte sie ein Klopfen an der Tür und öffnete. Draußen stand eine so große Dame von so strenger

21

Schönheit, daß Arachne wußte, es müsse eine
Göttin sein, und sie fürchtete zu wissen, welche.
Sie sank auf die Knie. Hoch über ihrem Kopf hörte
sie eine Stimme, die sanft zu ihr sprach und dabei
schreckliche Dinge sagte:

»Ja, elendes Mädchen, ich bin Athene. Ich bin
die Göttin, die du verspottet hast. Gibt es irgendei-
nen Grund, warum ich dich nicht töten sollte?«

Arachne schüttelte den Kopf und weinte. Sie konnte nicht antworten.

»Nun, wohlan«, sprach Athene. »Bereite dich auf den Tod vor. Du hast die Götter herausgefordert und mußt sterben.«

Da stand Arachne auf und sagte: »Bevor ich sterbe, edle Athene, laß mich dir ein Geschenk machen.« Sie ging hinein und holte einen prachtvollen Umhang, den sie gewebt hatte, und gab ihn der Göttin. Und sie sagte: »Nimm diesen Umhang. Hoch oben auf dem Olymp muß es oft bitterkalt sein. Er wird dich vor dem Wind schützen. Bitte nimm ihn. Etwas so fein Gewebtes besitzt du sicher nicht.«

Athene schüttelte den Kopf und sagte: »Armes Kind. Deine Fähigkeiten werden dir zum Verhängnis. Dein Talent hat dich mit Stolz vergiftet, so als hätte dich ein Skorpion gestochen. Was Schönheit schafft, bringt so den Tod. Doch es ist ein hübscher Umhang, und ich weiß das Geschenk zu schätzen. Ich werde dir noch eine Chance geben. Du hast dich gebrüstet, du könntest besser spinnen und weben als ich – ich, die ich den Webstuhl, den Rocken und die Spindel erfunden habe, die ich aus der Wolle der Schäfchenwolken die erste Bettdecke gewebt habe für meinen Vater Zeus, der gerne warm schläft, und die ich diese Decke mit den Farben des Sonnenuntergangs gefärbt habe. Doch du sagst, du kannst besser weben als ich. Nun, wohlan, du sollst Gelegenheit bekommen, es zu beweisen. Und die Bewohner deines eigenen Dorfes sollen die Richter sein. Heute in sieben Tagen werden wir uns treffen. Du wirst dein Spinnrad dort auf die Wiese bringen, und auch ich werde zur Stelle sein, und wir werden einen Wettstreit austragen. Du darfst weben, was du willst, und ich werde es ebenso machen. Dann werden wir zeigen, was wir geschaffen haben, und die Dorfbewohner werden die Richter sein. Falls du gewinnst, werde ich die Strafe aufheben. Falls du verlierst, verwirkst du auch dein Leben. Bist du einverstanden?«

»O ja«, sagte Arachne. »Ich danke dir, edle Göttin, daß du mir das Leben gerettet hast.«

»Noch bist du nicht gerettet.«

Die Kunde wurde von Dorf zu Dorf getragen. Als die Zeit gekommen war, hatten sich nicht nur Arachnes Nachbarn, sondern die Menschen der ganzen Gegend auf der großen Wiese zusammengefunden, um Zeuge des Wettstreits zu werden. Arachnes Haus war das letzte im Dorf und lag der großen Wiese gegenüber. Sie hatte ihren Webstuhl draußen vor ihrer Tür aufgestellt. Athene saß auf einem flachen, niedrigen Hügel, der Aussicht auf die Wiese gewährte. Ihr Webstuhl war so groß wie Arachnes Hütte.

Arachne machte sich als erste ans Werk. Als die Menge sie da im Sonnenlicht sitzen und spinnen sah, drängte sie sich so dicht um sie, daß sie kaum arbeiten konnte. Ihre weißen Hände tanzten den Flachs auf und ab, und sie arbeitete so schnell, so geschickt, daß sie den Webstuhl und ihren Arbeitsplatz im Freien vergessen zu haben schien. Flinker und immer flinker bearbeitete sie mit ihren Fingern die Wolle, wellte und kräuselte sie, rollte sie geschwind zusammen, schüttelte sie wieder aus, glättete die Wolle und zog sie zu glänzenden Fäden auseinander, indem sie den Daumen mit schnellen, kleinen Stößen auf die Spindel niedergehen ließ. Es hieß, die Art und Weise, wie sie ihr Werk schuf, sei genauso schön wie das Werk selbst, und wenn man ihr das sagte, pflegte sie zu lächeln und zu antworten: »Das ist ein und dasselbe.« So webte sie, und die Menschen standen und sahen ihr dabei zu. Dann zeigte sich allmählich das fertige Stück Stoff auf dem Webstuhl, und alle, die es sahen, lachten. Denn man erblickte fröhliche Szenen. Morgendliche Szenen: ein kleiner Junge und ein kleines Mädchen tollten auf einer grünen Wiese inmitten gelber Blumen umher, und ein schwarzer Hund lief hinterher; ein junges Mädchen lehnte an einem Fenster und kämmte sich verträumt das Haar; ein junger Mann sah aufs Meer hinaus und zählte die Wellen. Und später sah man in einem purpurnen Sonnenuntergang denselben jungen Mann und dasselbe junge Mädchen, wie sie unter einem Baum standen und einander in die Augen sahen. Flinker und immer flinker tanzten die weißen Hände zwischen Webstuhl und Spindel hin und her. Arachne webte Blumensträuße für die Hochzeit und ein Hochzeitskleid für die Braut und einen prachtvollen Umhang für den jungen Bräutigam. Und weil sie sich an das erinnerte, was Athene ihr gesagt hatte, webte sie noch eine Decke für das Bett der beiden. Jedes Quadrat war nicht etwa nur ein farbiges Viereck, sondern ein richtiges kleines Bild – eines aus der Kindheit des Mannes, eines aus der Kindheit der Braut, und alle zusammen vermischten sich, wie sich von nun an ihrer beider Erinnerungen vermischen würden.

Die Decke kam ganz zum Schluß. Als Arachne sich erhob und schnell den Stoff aus dem Webstuhl zog, stockte den Menschen der Atem, und sie lachten und weinten vor Freude. Und Arachne verneigte sich gegen den flachen Hügel hin, und Athene begann zu spinnen.

Die Göttin hatte eine Herde rundlicher, wolliger weißer Wolken über der Hügelspitze hervorgezaubert. So mußte sie weder Wolle auskämmen noch Fäden spinnen; sie nahm einfach Wolkenwolle, das zarteste Material der Welt. Und sie

färbte sie mit den Farben der Morgendämmerung und den Farben des Sonnenuntergangs und den Farben des Schlummers und den Farben des Sturms. Und der ganze westliche Teil des Himmels war ihr Webstuhl. Sie warf große Wandbehänge über den Horizont. Szenen vom Olymp – Dinge, die zu sehen kein Sterblicher jemals zu hoffen gewagt hatte. Beinahe zu schrecklich anzusehen ... Kronos, der Uranos mit einer Sichel zerstückelt ... Zeus, der mit seinen hundertarmigen Riesen das Firmament entlangstürmt und die Titanen vernichtend schlägt ... Zeus in Fesseln ... Heras Bestrafung. Zeus als Habicht und als Fisch und als Schlange, wie er Metis verfolgt. Dann Athenes eigene Geburt, wie sie dem entzweigeschlagenen Haupt des Zeus entspringt. Ruhigere Szenen dann: Athene, wie sie die Menschen allerlei Künste lehrt; wie sie die Männer lehrt zu pflügen, zu segeln, in Wagen zu fahren; wie sie die Frauen lehrt zu spinnen. Dann schließlich – indem sie alles in Unordnung bringt, mit ihrer langen Spindel kreuz und quer durch die gewebten Wolken fährt, sie alle durcheinanderrührt und ein seltsames Bild heraufbeschwört – die Zukunft des Menschen. Der Mensch wird riesig und ungeheuerlich, seine Bäume werden zu Dornen, seine Felder zu Stein. Stolz-

geschwellt und trunken vor Hochmut baut er etwas so Abscheuliches, daß er nicht hinsehen kann,
während er es erschafft.

Das war zu viel für die Menge. All die Menschen
fielen auf die Knie und weinten. Arachne schaute
zu. Von dem Moment an, wo Athene begonnen
hatte zu arbeiten, hatte sie sich nicht gerührt,
sondern mit bleichem Gesicht und leuchtenden
Augen dagestanden und zugesehen. Und als die
Menschen auf die Knie fielen, drehte sie sich um
und ging fort. Ruhig ging sie zu einem kleinen
Hain und nahm dort einen Strick und erhängte
sich.

Athene kam den Hügel herunter und sprach
kein Wort zu den Menschen, die sich zerstreuten.
Dann ging sie zu dem Hain und sah dort Arachne
hängen. Das Gesicht der jungen Frau war
schwarz, ihre Augen quollen hervor, ihr Haar flatterte im Wind. Athene streckte ihren langen Arm
aus und berührte die junge Frau an der Schulter.
Das Gesicht wurde noch schwärzer, die Augen
quollen noch stärker hervor. Der Körper fiel in sich
zusammen; Arme und Beine verkümmerten und
vervielfachten sich. Dann berührte Athene den
Strick. Er schrumpfte, wurde dünner und dünner,
bis er ein zarter, glänzender Faden war. Und da am
Ende dieses glänzenden, seidenen Haars hing ein
kleines haariges Geschöpf mit vielen Beinen.

Es schaute auf zu Athene, dann drehte es sich um und lief eilig an seinem Faden empor, den es aufwickelte, während es hochkletterte. Es glitt über das Gras hinweg, bis es zu einem niedrigen Strauch kam, warf eine neue Schlinge aus, hockte dort und arbeitete vor sich hin, denn es wußte: von nun an war es seine Bestimmung, bis ans Ende aller Tage zu spinnen, ohne daß je ein anderes Wesen ihm seine Kunst streitig machen würde.

So kommt es, daß die Spinnen von denen, die sie besonders gut kennen, Arachnida genannt werden.

Nachdem Kronos abgesetzt worden war, würfelten die drei Söhne um die Aufteilung seines Reiches. Zeus, der jüngste, gewann und wählte den Himmel. Poseidon lächelte still in sich hinein, denn der Himmel war leer, und er wußte, der impulsive Zeus hatte ihn gewählt, weil er so hoch wirkte. Und jetzt konnte er, Poseidon, sich genau für das entscheiden, was er gewählt hätte, wenn er gewonnen hätte. Er wählte das Meer. Schon immer hatte er das Meer gewollt; es war der beste Platz für Abenteuer und Geheimnisse und hatte Macht sowohl über die Erde als auch über den Himmel. Hades, der immer Pech hatte, mußte die Unterwelt nehmen. Die Erde galt als gemeinschaftlicher Besitz und wurde den Göttinnen überlassen, die sie verwalten sollten.

Poseidon verließ den Olymp und kam in sein Königreich. Sogleich machte er sich daran, einen riesigen Unterwasserpalast zu bauen mit einem großen mit Perlen und Korallen besetzten Thron. Er brauchte eine Königin und wählte Thetis, eine wunderschöne Nereide, also eine Wassernymphe. Doch es gab eine Prophezeiung, daß jeder von Thetis geborene Sohn mächtiger als sein Vater werden würde, also entschloß sich Poseidon, sein Glück anderswo zu versuchen. Die Prophezeiung allerdings wurde wahr. Der Sohn der Thetis war Achilles.

Poseidon wählte eine andere Nereide mit Namen Amphitrite. Doch wie sein Bruder Zeus war auch Poseidon ein großer Wanderer und hatte Hunderte von Kindern an den verschiedensten Orten. Er war ein sehr schwieriger Gott, wankelmütig und streitsüchtig. Er konnte sehr zornig werden; aber er ließ sich auch besänftigen, und dann zeigte er ein strahlendes Lächeln. Er liebte Späße und dachte sich für seine Geschöpfe höchst merkwürdige Gestalten aus. Es machte ihm Spaß, die Nymphen mit Ungeheuern zu erschrecken, und er erfand die Krake, den Tintenfisch, den Polyp, auch Qualle genannt, den Schwertfisch, den Kugelfisch, die Seekuh und viele andere. Einmal, als er Amphitrites rasende Eifersucht besänftigen wollte, schuf er den Delphin und machte ihn ihr zum Geschenk.

Er war gierig und angriffslustig und versuchte stets, sein Königreich zu vergrößern. Einmal erhob er Anspruch auf Attika und stieß seinen Dreizack in den Hang, an dem heute noch die Akropolis steht, und eine Salzwasserquelle begann zu sprudeln. Nun wollten aber die Bewohner Athens nicht zum Königreich des Meeres gehören. Sie hatten Angst vor Poseidon und vor seiner Angewohnheit, alle jungen Leute einer Stadt in seine Gewalt zu bringen, wenn ihm danach war. So beteten sie und flehten darum, unter den Schutz eines anderen Gottes gestellt zu werden. Athene hörte ihre Gebete. Sie kam auf die Erde und pflanzte genau neben der Quelle einen Olivenbaum. Poseidon war aufs höchste erzürnt. Sein Gesicht verdüsterte sich, und er raste vor Wut und beschwor einen Sturm herauf. Eine Flotte von Fischerbooten wurde von der Meeresoberfläche hinweggefegt und kam nie wieder in den Hafen zurück. Er forderte Athene zu einem Zweikampf heraus und drohte, er werde eine Flutwelle entsenden, um die Stadt zu zerstören, falls sie sich weigere. Sie willigte ein. Doch Zeus hörte den Streit und kam auf die Erde und ordnete einen Waffenstillstand an. Dann trat der Rat der Götter zusammen, um die Ansprüche der beiden Kontrahenten anzuhören.

Nachdem sowohl Athene als auch Poseidon zu Wort gekommen waren, entschlossen sie sich, die Stadt Athene zu geben, denn ihr Olivenbaum war das bessere Geschenk. Von diesem Zeitpunkt an mußten die Athener immer besonders vorsichtig sein, wenn sie zur See fuhren, und oftmals waren sie in ihren Seeschlachten nicht vom Glück begünstigt.

Poseidon hatte sich in Demeter verliebt und verfolgte sie voller Leidenschaft, wann immer es ihm in den Sinn kam. An einem heißen Nachmittag trieb er sie schließlich auf einem Gebirgspaß in die Enge und verlangte von ihr, ihn zu lieben. Sie wußte sich kaum zu helfen – er war so riesig, so unerbittlich, so hartnäckig.

Schließlich sagte Demeter: »Mach mir ein Geschenk. Du hast Meerestiere erschaffen; jetzt erschaffe ein Landtier für mich. Aber ein schönes, das schönste, das je auf Erden gelebt hat.«

Sie dachte, nun wäre sie gerettet, denn sie war überzeugt, er könne nur Ungeheuer erschaffen. Sie war höchst erstaunt, als er ein Pferd für sie machte, und sie rang nach Luft vor lauter Freude, als sie es sah. Und Poseidon war so hingerissen von seinem Werk, daß er geschwind eine ganze Herde erschuf, Pferde, die sofort auf der Wiese hin und her zu galoppieren begannen, ihre Köpfe hochwarfen, ihre Schweife durch die Luft flattern

ließen, nach hinten ausschlugen und fröhlich wieherten. Und er war so fasziniert von den Pferden,
daß er Demeter darüber völlig vergaß, sich auf ein
Pferd schwang und davonritt. Später erschuf er
noch eine Herde grüner Pferde für seine unter-
seeischen Stallungen. Doch Demeter behielt die
erste Herde; von dieser Herde stammen alle Pferde der Welt ab.

Eine andere Geschichte besagt, daß Poseidon
eine volle Woche brauchte, um das Pferd zu erschaffen. Während dieser Zeit schuf und verwarf
er viele andere Geschöpfe, die nicht so geworden
waren, wie er es wollte. Doch er warf sie einfach
fort, ohne sie zu töten, und so fanden sie den Weg
auf die Erde. Von ihnen stammen das Kamel, das
Flußpferd, die Giraffe, der Esel und das Zebra ab.

In einer anderen Geschichte verwandelte Demeter selbst sich in eine Stute, um vor Poseidon zu
fliehen. Doch er selbst nahm sogleich die Gestalt
eines Hengstes an, galoppierte ihr nach und holte
sie ein. Aus dieser Zeit des Werbens und der Liebe
stammen das Wildpferd Arion und eine Nymphe
namens Despoina.

Demeter war auch eine Mondgöttin. Und durch
die ganze griechische und römische Sagenwelt
zieht sich eine Verbindung zwischen Pferd und
Mond und Meer. Unser Wort »Mähre« erinnert an
»mare«, das lateinische Wort für Meer; der Mond

ist verantwortlich für den Wechsel der Gezeiten, die Schaumkronen der Wellen gleichen weißen Pferdemähnen, die triefend nassen Pferde laufen über den Strand, und ihre Hufe hinterlassen mondförmige Abdrücke. Eine alte, uralte Verwandtschaft, die noch nicht völlig verschwunden ist.

HADES

Wenn die Griechen ihre Toten begruben, legten sie dem Verstorbenen eine Münze unter die Zunge, damit seine Seele den Fährmann bezahlen konnte, mit dem er den Styx überquerte. Charon ruderte das Boot; und er war habgierig. Seelen, die für das Übersetzen nicht bezahlen konnten, mußten diesseits des Flusses warten. Zuweilen kehrten sie zurück, um als Geister diejenigen heimzusuchen, die ihnen das Geld für die Überfahrt nicht gegeben hatten.

Jenseits des Flusses befand sich eine große Mauer. Ihr Tor wurde von Kerberos, einem dreiköpfigen Hund, bewacht, den es nach Menschenfleisch gelüstete und der jedermann angriff, es sei denn, er war ein Geist. Auf der anderen Seite des Tores, im Tartaros, erstreckte sich eine weitläufige Fläche, von schwarzen Pappeln beschattet. Hier lebten die Toten – Helden und Feiglinge, Soldaten, Schäfer, Priester, Sänger, Sklaven. Ziellos wanderten sie auf und ab. Wenn sie sprachen, piepsten sie wie Fledermäuse. Hier warteten sie darauf, daß drei Richter – Minos, Rhadamanthys und Aiakos – über sie zu Gericht saßen.

Wer das Mißfallen der Götter in besonderem Maße erregt hatte, erhielt eine ungewöhnliche Strafe. Sisyphos zum Beispiel muß einen riesigen Stein immer wieder den Hang eines Hügels hinaufrollen. Jedesmal, wenn er die Hälfte des Weges zurückgelegt hat, entgleitet ihm der Stein und rollt wieder hinunter, und er muß von vorne anfangen. Und dies wird er bis in alle Ewigkeit tun. Tantalos leidet unter brennendem Durst und steht bis zum Kinn in einem kühlen, klaren Wasserlauf.

Doch jedesmal, wenn er den Kopf neigt, um seine Lippen mit Wasser zu benetzen, weicht das Wasser zurück, und nie gelingt es ihm zu trinken. Er wird hier genauso lange stehen, wie Sisyphos seinen Stein den Hügel hinaufrollt.

Doch dies sind ungewöhnliche Fälle. Die meisten Seelen wurden weder für allzu gut noch für allzu schlecht, sondern einfach für tot befunden. Sie kehrten zurück zu den sogenannten Asphodeloswiesen, um dort zu warten – auf nichts.

Wer für ungewöhnlich tugendhaft befunden wurde, den schickten die Richter zu den Elysischen Gefilden ganz in der Nähe. Hier war immer Feiertag. Die Luft war von Musik erfüllt. Die Schatten tanzten und spielten den ganzen Tag und auch die ganze Nacht, denn die Toten brauchen keinen Schlaf. Auch erhielten diese glücklichen Geister Gelegenheit, auf Erden wiedergeboren zu werden. Nur die Mutigsten nahmen diese Gelegenheit wahr. Ein besonderer Teil des Elysiums war die Insel der Seligen. Dort lebten diejenigen, die dreimal wiedergeboren und dreimal ins Elysium gelangt waren.

Hades und seine Königin lebten in einem großen Palast aus schwarzem Stein. Hades war sehr eifersüchtig auf seine Brüder und verließ sein Reich fast nie. Er war äußerst besitzergreifend, frohlockte über jeden Neuankömmling und ver-

langte von Charon, am Ende eines
jeden Tages die Bewohner der Unterwelt zu zählen. Niemals gestattete er
einem seiner Untertanen zu fliehen.
Auch erlaubte er keinem Sterblichen,
in den Tartaros hinabzusteigen und
wieder zurückzukehren. Von
dieser Regel gab es nur zwei
Ausnahmen, doch das sind
zwei andere Geschichten.

Das Grundstück, auf dem
der Palast stand, und die um-
liegenden Felder nannte man
Erebos; das war der tiefstgelegene
Teil der Unterwelt. Zwar flogen
hier keine Vögel, und doch hörte
man das Rauschen von Flügeln;
denn hier hausten die Erinyen,
auch Furien genannt, die älter
noch als die Götter waren.

Ihre Namen waren Tisiphone, Alekto und Megaira. Es waren häßliche alte Weiber mit Schlangenhäuptern, rotglühenden Augen und gelben Zähnen. Sie peitschten die Lüfte mit metallbeschlagenen Flügeln, und wenn sie ein Opfer fanden, rissen sie ihm das Fleisch von den Knochen. Ihre Aufgabe war es, auf die Erde zu kommen und die Übeltäter zu bestrafen, insbesondere diejenigen, die sich einer anderen Strafe entzogen hatten. Man fürchtete sie sehr; niemand wagte, ihren Namen auszusprechen. Wenn man von ihnen sprach, so nannte man sie die »Eumeniden«, das heißt »die Freundlichen«. Hades schätzte sie sehr. Sie bereicherten sein Königreich, denn ihre »Freundlichkeit« veranlaßte manch einen Menschen, sich selbst den Tod zu geben. Er unterhielt sich gern mit ihnen. Wenn sie nach getaner Arbeit in den Erebos zurückkehrten, kreisten sie tief über der Palastanlage und unterrichteten Hades kreischend über ihre Erlebnisse und über den neuesten Klatsch.

Hades war wie geschaffen dafür, über die Toten zu herrschen. Er war gewalttätig, haßte jegliche Veränderung und neigte zu langsam aufsteigenden, düsteren Wutanfällen. Seine aufregendste Stunde kam, als er Persephone entführte und zu seiner Königin machte. Doch das gehört in die nächste Geschichte.

42

Der Name Demeter bedeutet »Erdmutter«. Ein anderer Name für Demeter ist Ceres, und von diesem Namen stammt unser Begriff »Zerealie«, das Fremdwort für Getreide. Sie war die Göttin der Kornfelder, die Herrin über alles, was gesät und geerntet wird, über alles, was auf Wiesen und Feldern wächst. Zeus war ihr sehr zugetan. Stets erfreute er sie mit Regen, wenn ihre Felder dürsteten. Er schenkte ihr zwei Kinder, einen Jungen und ein Mädchen. Das Mädchen hieß Persephone, und Demeter liebte sie sehr.

Persephone wuchs inmitten von Blumen auf und sah selbst aus wie eine Blume. Ihr Körper war biegsam wie ein Blumenstengel, ihre Haut zart wie Blütenblätter, und sie hatte veilchenblaue Augen. Um ihrer Mutter zu helfen, kümmerte sie sich um die Blumen. Sie war sehr geschickt darin, neue Sorten zu erfinden und zu benennen.

Eines Tages ging sie bei ihrem täglichen Rundgang weiter als gewöhnlich – über einen Fluß, durch einen kleinen Hain und zu einer schmalen Lichtung. Sie trug ihren Farbtopf bei sich, denn sie hatte gesehen, daß dort langstielige, durchscheinende Lilien wuchsen, die sie mit bunten Streifen bemalen wollte. Während sie die Gesichter der Lilien bemalte, fiel ihr Blick auf einen Strauch, den sie vorher nicht bemerkt hatte. Sie ging hin, um ihn sich näher anzusehen. Es war ein recht seltsamer Strauch, mit dicken grünglänzenden Blättern und voller schwerer roter Beeren, die auf den Zweigen zitterten wie Blutstropfen. Sie starrte gebannt auf den Strauch. Sie war sich nicht sicher, ob er ihr gefiel oder nicht. Sie kam zu dem Schluß, daß er ihr nicht gefiel, und ergriff ihn bei seinen Ästen und begann zu ziehen. Doch er war tief verwurzelt und ließ sich nur schwer aus dem Erdreich lösen. Sie war es gewohnt, ihren Willen zu bekommen. Sie stemmte die Beine gegen den Boden und fing heftig an zu zerren. Endlich gab der Strauch nach; seine langen Wurzeln hoben sich aus der Erde und hinterließen ein großes Loch. Sie warf den Strauch beiseite und wandte sich ab, um zu ihren Lilien zurückzukehren, doch da hörte sie ein dröhnendes Geräusch und blickte zurück. Das Geräusch, das lauter und immer lauter wurde, kam aus dem Loch. Zu ihrem großen Entsetzen schien sich das Loch zu dehnen, sich wie ein Mund zu öffnen, und das Dröhnen wuchs an zu einem schrillen, krachenden Getöse.

Aus dem Loch sprangen sechs schwarze Pferde, die einen goldenen Wagen zogen. Auf dem Wagen stand eine hochgewachsene Gestalt in einem wehenden schwarzen Umhang. Der Wagenlenker trug auf seinem Kopf eine schwarze Krone. Persephone hatte kaum Zeit zu schreien, da streckte er schon seinen langen Arm aus, packte sie, hob sie auf den Wagen und schlug auf seine Pferde ein. Sie machten einen Sprung und stürzten wieder in das Loch hinab. Als sie verschwunden waren, schloß das Loch sich wieder.

Demeter war außer sich vor Furcht, als ihre Tochter nicht nach Hause zurückkehrte, und eilte fort, um nach ihr zu suchen. Die hochgewachsene, grüngewandete Göttin fuhr auf einem leichten Wagen aus Korbgeflecht, der von einem flinken weißen Pferd gezogen wurde, einem Geschenk von Poseidon. Sie eilte hierhin und dorthin und rief: »Persephone ... Persephone ...« Doch niemand antwortete. Die ganze Nacht hindurch suchte sie, und als der Morgen dämmerte, gelangte sie

46

zu der Lichtung. Dort erblickte sie den entwurzelten Strauch und das niedergetretene Gras. Sie sprang von ihrem Wagen. Dann sah sie etwas, das ihr durch und durch ging: Persephones kleinen Farbtopf – umgeworfen. Sie hob das Gesicht zum Himmel und heulte wie eine Wölfin. Dann verstummte sie und lauschte. Die Sonne ging auf; die Vögel begannen mit ihrem Geschwätz. Sie erzählten einander von dem achtlosen Mädchen und dem seltsamen Strauch und dem Loch und dem Wagen und dem schwarzen Reiter und davon, wie überrascht das Mädchen gewesen war, als er sie gepackt hatte.

Dann begann Demeter, sanft mit den Vögeln zu sprechen und sie auszufragen. Sie erzählten ihr so viel, daß sie ahnte, wer ihre Tochter entführt hatte. Sie bedeckte ihr Gesicht mit den Händen und weinte. Gerade in dem Augenblick kam ein kleiner Junge über die Wiese gelaufen, um Blumen zu pflücken. Als er Demeter sah, fing er an zu lachen. Noch nie zuvor hatte er einen Erwachsenen weinen gesehen. Doch als sie hochschaute, hörte er auf zu lachen. Sie zeigte mit dem Finger auf ihn und flüsterte etwas, und auf der Stelle wurde er in eine Eidechse verwandelt. Doch noch hatte er nicht gelernt, sich eilig davonzumachen, und so blieb er einfach hocken und schaute einen Augenblick zu lange zu Demeter auf, denn ein Habicht stieß herab und packte ihn. Er war nur kurze Zeit eine Eidechse gewesen.

Demeter stieg wieder auf ihren Wagen und eilte zum Olymp. Sie stürzte in den Thronsaal, in dem Zeus saß.

»Gerechtigkeit«, schrie sie. »Gerechtigkeit! Dein Bruder Hades hat meine Tochter geraubt – *unsere* Tochter.«

»Nur ruhig, liebe Schwester«, sagte Zeus. »Fasse dich. Die Werbung von Hades war vielleicht ein wenig abrupt, aber immerhin ist er mein Bruder – *unser* Bruder – und gilt als eine gute Partie. Überleg doch, liebste Demeter. Es ist nicht leicht für unsere Tochter, außerhalb der Familie eine standesgemäße Partie zu machen.«

»Niemals!« schrie Demeter. »Das darf nicht sein. Jeder, nur nicht Hades! Siehst du denn nicht, daß sie ein Frühlingskind ist, ein Blumenkind, eine zarte, ungeöffnete Knospe. Kein Sonnenstrahl dringt je in dieses dumpfige Loch, das er sein Königreich nennt. Sie wird verwelken und sterben.«

»Sie ist unsere Tochter«, sagte Zeus. »Ich glaube, sie hat eine Gabe zu überleben. Ich bitte dich, denk noch einmal darüber nach.«

Da bemerkte Demeter, daß Zeus einen neuen Donnerkeil in der Hand hielt, einen aufs prächtigste gefertigten und gezackten Speer aus Blitzen, lichtblau, strahlend vor Energie. Und ihr war klar, daß Hades, der in seinem Reich tief in der Erde über alle Vorräte an Gold und Silber verfügte, Zeus ein ganz besonderes Geschenk gemacht hatte. Es würde schwierig sein, Gerechtigkeit zu erlangen.

»Ich frage dich noch einmal«, sagte sie, »wirst du mir meine Tochter zurückgeben?«

»Meine Liebe«, entgegnete Zeus, »wenn dein Zorn sich gelegt hat, wirst du erkennen, daß dies eine gute Verbindung ist, die beste für das Kind. Bitte geh zur Erde zurück, und sei so gut und nimm in dieser Sache Vernunft an.«

»Ich werde zur Erde zurückgehen«, antwortete Demeter, »und ich werde erst wiederkommen, wenn du nach mir schickst.«

Wochen vergingen. Dann mußte Zeus feststellen, daß sein Schlaf von Klagelauten gestört wurde. Er schaute hinab auf die Erde, und ihm bot sich ein schmerzlicher Anblick. Nichts wuchs mehr. Die Felder lagen verödet und ausgedörrt. Die Bäume hatten alle Blätter verloren und standen krank in der prallen, sengenden Sonne. Der Boden war hart und rissig, übersät von den verschrumpelten braunen Hülsen von Weizen und Mais und Gerste, Getreide, das schon im Keim vernichtet worden war. Nirgendwo gab es mehr einen grünen Flecken. Die Menschen verhungerten; das Vieh hatte nichts zu fressen; auch das Wild konnte nichts finden und hatte fluchtartig das Land verlassen. Und ein großes Weinen und Wehklagen erhob sich, da die Menschen ihre Gesichter zum Olymp wandten und Zeus anflehten, er möge ihnen helfen.

»Nun«, dachte er bei sich und betastete seinen neuen Donnerkeil, »ich glaube, wir werden wohl einen Kompromiß schließen müssen.«

Er schickte nach Demeter. Als sie kam, sagte er: »Ich habe nachgedacht. Vielleicht bin ich dir gegenüber nicht ganz fair gewesen.«

»Nein«, sagte Demeter.

»Willst du noch immer, daß deine Tochter zurückkommt?«

»Ja«, sagte Demeter. »Solange sie fort ist, wird keine Ernte gedeihen. Kein Baum wird Früchte tragen, kein Gras wird sprießen. Solange sie fort ist und solange ich Trauer trage, wird die Erde vertrocknen und verdorren wie mein Herz und nichts Grünes hervorbringen.«

»Nun gut«, sagte Zeus. »In Anbetracht der Tatsachen spreche ich folgendes Urteil. Deine Tochter soll dir zurückgegeben werden und bei dir bleiben. Doch wenn sie während ihres Aufenthaltes im Tartaros irgendein Nahrungsmittel zu sich genommen hat, dann muß sie dort bleiben. Das ist das Gesetz von alters her, älter noch als all unsere Verordnungen, und selbst ich habe nicht die Macht, dieses Gesetz zu widerrufen.«

»Sie ist bestimmt viel zu traurig gewesen, um etwas zu essen«, rief Demeter. »Sicher hat sie keine Nahrung zu sich genommen. Sie wird zu mir zurückkehren und bei mir bleiben. Du hast gesprochen, und ich nehme dich beim Wort.«

Zeus pfiff, und Hermes, der Götterbote, erschien. Zeus sandte ihn zu Hades mit einer Botschaft, in der er Persephones Freilassung verlangte.

»Willst du mit mir zu den Toren des Tartaros fahren«, rief Demeter. »Ich habe das schnellste Pferd der Welt, Poseidon hat es mir geschenkt.«

»Vielen Dank, liebe Tante«, sagte Hermes. »Aber ich glaube, meine geflügelten Schuhe sind noch schneller.«

Und er flog durch das Fenster davon.

In der Zwischenzeit befand sich Persephone im Erebos bei dem finsteren König. Nach den ersten Tagen des Drängens und der Roheit, in denen er sich sehr seltsam betragen hatte, fing er an, sie ganz sanft und mit ausgesuchter Freundlichkeit zu behandeln. Er gab ihr Rubine und Diamanten statt Murmeln zum Spielen, ließ ihr Gewänder aus Gold- und Silberfäden weben, bestellte einen Thron aus dem feinsten Ebenholz für sie und schenkte ihr eine Krone aus schwarzen Perlen. Doch sie machte es ihm schwer und wollte sich über all das nicht freuen. Sie warf den Kopf in den Nacken, stampfte mit dem Fuß auf und drehte ihm den Rücken zu. Sie weigerte sich, mit ihm zu sprechen, und sagte, sie werde ihm niemals vergeben. Sie sagte, sie wolle nach Hause zu ihrer Mutter, sie müsse sich um ihre Blumen kümmern, und außerdem hasse sie ihn und werde ihn ewig hassen. Wenn sie ihm diese Tiraden entgegenschleuderte, stand er immer nur da und hörte zu, runzelte die Stirn und hörte weiter zu, bis sie erregt davonstürzte. Dann ging auch er und holte ein weiteres Geschenk für sie.

Insgeheim allerdings, so geheim, daß sie es sich nicht einmal selbst eingestand, genoß sie die Veränderung. Zwar vermißte sie den Sonnenschein und die Blumen, doch auch hier gab es vieles, was ihr gefiel. Insgeheim frohlockte sie über die

Macht, die sie über den gefürchtetsten aller Herrscher hatte. Insgeheim mochte sie seine Geschenke und seine Versuche, ihr zu gefallen ... Und sie staunte darüber, wie ihm alle gehorchten. Obwohl sie niemals vergaß, wie sehr er sie erschreckt hatte, als er in seinem Wagen aus diesem Loch gestürmt war, bewunderte sie seine hohe, schwarzgekleidete Gestalt, die majestätischen Schultern, die großen ungeduldigen Hände und seine schwermütigen schwarzen Augen. Doch sie wußte, daß ein Teil der Macht, die sie über ihn hatte, in ihrer Verachtung für ihn lag, und so verhöhnte und verspottete sie ihn weiterhin und weigerte sich, auch nur einen Bissen zu essen, was ihn noch mehr betrübte als alles zuvor.

Auf jede nur denkbare Weise versuchte er, sie zum Essen zu verleiten. Sein Koch bereitete die köstlichsten Mahlzeiten zu, und seine Diener brachten sie ihr aufs Zimmer. Doch immer tat sie so, als bemerke sie nichts, und saß still mit hocherhobenem Kopf. Sie gestattete sich nicht einmal ein Beben der Nasenflügel, obwohl die wunderbaren Düfte sie vor Hunger halbwahnsinnig machten. Sie schwor, sie werde erst dann wieder etwas essen, wenn er sie zu ihrer Mutter zurückkehren ließe.

Verzweifelt versuchte er, ihr eine Freude zu machen. Er teilte ein Ende des Palastbezirks ab, ließ

einen dunklen Garten anlegen und gab ihr seltene
Samen, die sie pflanzen durfte – magische Blüten,
die das Sonnenlicht nicht brauchten. Sie züchtete
eine Art schwarzer Orchidee, auch Pilze und
Nachtschattengewächse, Bilsenkraut und Nies-
wurz. Er wies ihr einen kleinen Jungen zu, der ihr

im Garten helfen sollte, ein sehr gescheiter kleiner
Gärtner, ein neuer Geist. Er war sehr geschickt,
und seine Gesellschaft war ihr angenehm, wenn
ihr auch auffiel, daß seine Augen seltsam lidlos
wirkten. Sie konnte ja nicht wissen, daß er dersel-
be kleine Junge war, den ihre Mutter in eine Eidechse verwandelt hatte und der dann von einem
Habicht gefressen worden war. Er aber wußte, wer
sie war.

Sie hatte noch so manch anderen Zeitvertreib. Gerne wanderte sie durch die Elysischen Gefilde und tanzte mit den glücklichen Schatten. Auch war sie ganz hingerissen vom Schauspiel der Qualen, besonders von dem komischen Mann, der immerzu versuchte, einen Stein den Hügel hinaufzurollen, und immer wieder von vorne beginnen mußte. Mit Tantalos hatte sie Mitleid, und als niemand sie beobachtete, wölbte sie die Hände, schöpfte etwas Wasser und gab ihm zu trinken. Und er dankte ihr mit tiefer, trauriger Stimme. Doch als sie fort war, wurde es nur noch schlimmer als zuvor; er wußte, sie würde ihn vergessen, und dieses eine Aufblitzen der Hoffnung machte sein Martyrium nur noch schlimmer.

Und doch gefiel ihr der Garten am besten, und so verbrachte sie dort die meiste Zeit – mehr Zeit als je zuvor, denn sie war so hungrig, daß sie nicht wußte, was sie anfangen sollte, und sie wollte nicht, daß Hades merkte, wie sie sich fühlte. Sie wußte, er würde noch köstlichere Dinge ersinnen, um sie in Versuchung zu führen, wenn er sah, daß sie allmählich schwach wurde.

Eines Nachmittags stand sie im Garten, halb verborgen hinter einem Gesträuch von Nachtschattengewächsen – da sah sie, wie der kleine Junge etwas aß. Es war eine rote Frucht, und er biß herzhaft hinein. Er sah, daß sie ihn beobachtete, und kam lächelnd auf sie zu, von seinem Mund tropfte noch der rote Saft. Er hielt seine Hand auf. Es war ein Granatapfel, ihr Lieblingsobst.

»Wir sind allein«, flüsterte er. »Niemand sieht dich. Niemand wird es erfahren. Schnell – iß!«

Sie sah sich um. Er hatte recht. Niemand konnte sie sehen. Sie spürte, wie ihre Hände von ganz allein danach griffen, so als hätten sie gar nichts mit ihr zu tun. Sie beobachtete, wie ihre Finger sich gierig krümmten und die Frucht an sich rissen. Sie gruben sich hinein, lösten hastig die Kerne heraus und boten sie ihren Lippen dar. Eins ... zwei ... drei ... Sie war überzeugt, noch nie etwas so Köstliches gegessen zu haben wie diese winzigen, bitter-süßen, saftigen Kerne. Als sie gerade den sechsten Kern hinunterschluckte, zerriß ein hoher, fröhlicher, gellender Schrei die Luft, und der Granatapfel fiel zu Boden. Es war ein Schrei, den jeder Gott erkannte – der durchdringende, weithin hallende Ruf von Hermes, der verkündete, er komme mit Neuigkeiten, die, ob gut oder schlecht, doch immer ungeteilte Aufmerksamkeit verdienten.

Sie eilte zum Palast. Der kleine Gärtner hob schnell den Granatapfel auf und eilte hinter ihr her. Ja, kein Zweifel, es war Vetter Hermes, das Haar vom Wind zerzaust, die Flügel an seinen Schuhen noch zitternd von seinem geschwinden Lauf.

»Guten Tag, liebe Kusine«, sagte er.

Hades tauchte drohend neben ihm auf und blickte finster drein.

»Ich bringe dir eine Botschaft von deiner Mutter. Sie möchte, daß du wieder nach Hause kommst. Und dein Gastgeber hat gütigerweise deiner baldigen Abreise zugestimmt. Wie geht es dir? Du hast doch hier hoffentlich nichts gegessen? Nein? Dann ist es gut! Komm, wir wollen uns gleich auf den Weg machen.«

Er legte ihr den Arm um die Taille, und sie erhoben sich in die Lüfte. Und als Persephone zurückschaute, sah sie, wie der kleine Gärtner mit dem Granatapfel in der Hand zu Hades eilte.

Als Persephone zu Hause bei ihrer Mutter eintraf, hatte Hades sich schon in den Olymp begeben und Zeus seinen Fall vorgetragen. Zeus verkündete sein Urteil. Weil das Mädchen sechs Kerne von dem Granatapfel gegessen hatte, sollte es in Zukunft jedes Jahr sechs Monate bei Hades verbringen.

»Mach dir nichts daraus, Mutter«, sagte Persephone. »Weine nicht. Wir müssen dankbar sein für die Zeit, die ich hier bleiben kann.«

»Ich leide!« rief Demeter. »Ich leide! Hier –.« Sie schlug sich auf die Brust. »Hier – in meinem Mutterherz. Und wenn ich leide, sollen auch alle anderen leiden. Während der Monate, die du bei diesem Schurken verbringst, soll kein Gras wachsen, sollen keine Blumen blühen, soll kein Baum Früchte tragen. Solange du dort unten bist, soll überall Trostlosigkeit und Ödnis herrschen.«

So kommt es, daß Sommer und Winter so sind, wie wir sie kennen. So kommt es, daß es eine Zeit zum Säen gibt und eine Zeit, da die Erde unter dem Frost schlafen muß.

DIE GEBURT DER ZWILLINGE

Zeus verfolgte die Nymphe Leto. Doch Hera beobachtete die beiden, und so verwandelte er Leto in eine Wachtel, und dann auch sich selbst in eine Wachtel, und sie trafen sich auf einer Lichtung. Vereinzelte Sonnenstrahlen drangen durch die Blätter der Bäume und malten Streifen auf das Gras, und es war sehr schwierig, hier zwei Wachteln mit braunem und beigefarbenem Gefieder zu erkennen. Aber die Augen der Eifersucht sind sehr scharf, und Hera sah sie. Sie stieß einen Fluch hervor und sagte: »Leto, du wirst schwanger werden, doch nirgends, wo die Sonne scheint, darfst du gebären.«

Sie entsandte die riesige Schlange Python, um ihren Fluch in die Tat umzusetzen und Leto von jedem sonnigen Ort zu verjagen, an dem sie hätte ausruhen wollen. Zeus schickte den Südwind, um dem Mädchen zu helfen, und Leto wurde auf den Flügeln des warmen, kräftigen Windes zu einer In-

sel namens Delos getragen. Python schwamm hinterher. Zeus löste die Insel, aus ihrer Verankerung
und ließ sie schnell davongleiten, vom Südwind ge-
trieben, schneller als Python schwimmen konnte.
Hier, auf dieser lieblichen Insel brachte Leto Zwillinge zur Welt – Artemis und Apollon.

ARTEMIS

Vater Zeus war keineswegs ein aufmerksamer Vater. Er hatte so viele Kinder aus so vielen verschiedenen Verbindungen, daß er schwerlich immer an alle denken konnte. Und doch sollte er Letos Kinder niemals vergessen. Sie waren einfach zu schön. Und Schönheit war die Eigenschaft, die für ihn die größte Anziehungskraft besaß. Wenn er vom Olymp herabsah, schienen ihre Gesichter zu strahlen und sich so von denen aller anderen Kinder auf der Erde abzuheben. Es kam ihm so vor, als verbreiteten diese Zwillinge ihr eigenes Leuchten, jeder ein anderes – Apollon ein rötliches Licht, Artemis ein silbriges. Und er wußte, daß sie wirkliche Gottheiten waren und auf den Olymp gebracht werden mußten.

An ihrem dritten Geburtstag schickte er nach ihnen. Er wies Hephaistos an, für Apollon einen goldenen Bogen zu fertigen und einen Köcher mit goldenen Pfeilen, der niemals leer werden sollte, und einen goldenen Wagen, von goldenen Pferden gezogen. Doch die Geschenke für Artemis hielt er zurück; er mochte sie am liebsten, und er wollte, daß sie ihn um etwas bitten sollte. Er nahm sie auf seinen Schoß und sagte: »Und was hättest du denn gern, mein kleines Mädchen?«

Sie sagte: »Ich will immer dein kleines Mädchen bleiben und niemals eine Frau werden. Und ich wünsche mir viele Namen, für den Fall, daß mir einer langweilig wird. Außerdem will ich Pfeil und Bogen haben – aber aus Silber, nicht aus Gold. Ich brauche eine bestickte, rehlederne Tunika, die kurz genug ist, daß ich schnell darin laufen kann. Ich wünsche mir fünfzig Meeresnymphen, die für mich singen, und zwanzig Waldnymphen, die mit mir auf die Jagd gehen. Und ich möchte bitte eine Hundemeute haben – wilde, schnelle Hunde. Ich hätte gern die Berge als mein ganz persönliches Reich, und eine Stadt. Eine wird reichen; ich mag Städte nicht.« Sie reckte die Hand hoch und spielte mit seinem Bart und lächelte ihn an. »Ja? Kann ich all diese Dinge haben? Bitte!«

Zeus antwortete: »Für ein Kind wie dich lohnt es sich, einmal Heras Zorn zu trotzen. Du wirst noch mehr bekommen als das, worum du mich gebeten hast. Du wirst das Geschenk ewiger Keuschheit erhalten, und auch das Geschenk, deine Meinung darüber jederzeit zu ändern, das wird es dir leichter machen, bei deiner Meinung zu bleiben. Und schließlich das größte Geschenk von allen: Du darfst hingehen und dir deine Geschenke selbst aussuchen, und dadurch werden sie einen besonderen Wert für dich haben.«

Sie küßte ihn und flüsterte ihm Dankesworte ins Ohr und lief dann fort, um sich ihre Geschenke auszusuchen. Sie ging in die Wälder und an den Fluß und ans Meer und suchte sich die schönsten Mädchen für ihren Hofstaat aus. Sie besuchte Hephaistos in seiner verräucherten Schmiede im Innern des Berges und sagte: »Ich komme wegen meines Bogens. Ich hätte gern einen silbernen.«

Er antwortete: »Silber ist schwieriger zu bearbeiten als Gold. Man braucht dazu kaltes Licht; er müßte unter Wasser gemacht werden. Du mußt tief unter die Meeresoberfläche hinabtauchen, in die Nähe der Insel Lipara, wo meine Zyklopen gerade eine Pferdekrippe anfertigen – für Poseidon, der neuerdings nichts als Pferde im Kopf hat.«

So begaben sich Artemis und ihre Nymphen unter Wasser und schwammen an den Ort, an dem die Zyklopen eine große Pferdekrippe hämmerten. Die Nymphen fürchteten sich vor dem Anblick der riesigen, einäugigen, finster dreinschauenden Scheusale, und das Geräusch des Hämmerns war ihnen verhaßt. Doch Artemis sprang auf den Schmiedeofen und sagte: »Ich komme mit einer Botschaft von Hephaistos. Er bittet euch, diese Pferdekrippe hintanzustellen und mir einen silbernen Bogen zu machen und auch einen Köcher mit silbernen Pfeilen, der sich immer wieder füllen wird, sobald er leer ist. Wenn ihr das tut, werde ich euch das erste Wild schenken, das ich schieße.« Die Zyklopen, die sehr habgierig und es außerdem leid waren, an der Pferdekrippe zu arbeiten, erklärten sich einverstanden.

Als sie den Bogen und alles andere fertig hatten, dankte Artemis ihnen artig. Doch als ihr Anführer Brontes versuchte, sie auf sein Knie zu setzen, riß sie ihm ein Büschel Brusthaare aus. Schnell setzte er sie ab und ging fluchend fort.

Sie hielt ihren silbernen Bogen hoch, jauchzte vor Freude und stürmte über Felder und Täler und Hügel, gefolgt von ihren Nymphen, die schnell wie der Blitz und mit wehendem Haar lachend und singend hinter ihr hereilten. So kam sie nach Arkadien, wo Pan seine Hunde fütterte.

»Ach, Pan«, rief sie. »Ach, kleiner König der Wälder, liebster Vetter, gib mir bitte ein paar von deinen Hunden – und bitte die besten.«

»Und was gibst du mir dafür?« fragte er und schaute auf die Nymphen.

»Such dir eine aus«, sagte sie. »Aber ich muß dich warnen. Wie ich haben auch sie ein Keuschheitsgelübde abgelegt, das sie nicht brechen werden.«

»Schon gut«, sagte Pan. »Behalte sie. Welche von den Hunden gefallen dir am besten?«

»Der da und der und der«, rief sie, »und der auch. Und den muß ich haben ... und den.«

Er gab ihr seine zehn besten Hunde. Drei davon waren riesige schwarzweiße Kreaturen, die einen

lebendigen Löwen packen und zum Jäger zurück-schleifen konnten. Die anderen waren schlanke, weiße Hirschhunde; und jeder von ihnen konnte schneller laufen als ein Hirsch.

Artemis brannte darauf, ihre neuen Geschenke auszuprobieren. Sie jagte ihre weißen Hunde zwei Hirschen hinterher und befahl ihnen, die Tiere unverletzt zurückzubringen. Dann spannte sie die Hirsche vor ihren silbernen Wagen und fuhr davon. Sie sah einen Baum, der vom Blitz getroffen war; er rauchte noch. Sie hieß ihre Nymphen Pinienzweige abbrechen und in die Glut halten, denn die Nacht brach herein, und sie wollte bei Licht jagen. Sie war zu ungeduldig, um bis zur Morgendämmerung zu warten.

Viermal schoß sie mit ihrem silbernen Bogen. Beim ersten Mal spaltete sie eine Pinie, dann einen Olivenbaum. Dann schoß sie ein Wildschwein. Schließlich schoß sie ihren Pfeil auf eine Stadt voller ungerechter Menschen, und der Pfeil durchbohrte sie alle und hielt in seinem Flug nicht eher inne, bis alle tot waren.

Und die Menschen, die sie über die Berge reiten und ihren silbernen Bogen schwingen sahen, gefolgt von den Mädchen mit ihren Fackeln, nannten sie »die Mondgöttin«. Manche nannten sie auch »das Mädchen mit dem silbernen Bogen«. Andere nannten sie »die Herrin der wilden Tiere«. Manche nannten sie »die Jägerin«. Wieder andere einfach »das Mädchen«. Und so erhielt sie auch ihr letztes Geschenk – die vielen Namen.

Keinem Mann gestattete sie, sich ihr zu nähern. Einmal erblickte ein junger Mann mit Namen Aktaion sie zufällig beim Baden in einem Fluß. Sie war so schön, daß er es nicht über sich bringen konnte fortzugehen, sondern sich an Ort und Stelle versteckte und sie beobachtete. Sie sah ihn und verwandelte ihn sogleich in einen Hirsch. Dann pfiff sie ihre Hunde herbei, die ihn in Stücke rissen.

Dieselbe strenge Regel versuchte sie für ihre Nymphen durchzusetzen, doch das war nicht so einfach. Zeus selbst verführte Kallisto, eine der schönsten von ihnen. Als Artemis davon erfuhr, verwandelte sie Kallisto in eine Bärin und pfiff ihre Hunde herbei. Heulend kamen sie angelaufen und hätten auch die Bärin in Stücke gerissen, doch zufällig hatte Zeus gesehen, was da vor sich ging. Er hob Kallisto in die Höhe und setzte sie mitten unter die Sterne, aber immer noch in Gestalt einer Bärin, damit Hera keinen Verdacht schöpfte.

Einmal fand auch Artemis es schwer, ihr Gelübde zu halten. Doch das ist eine andere Geschichte, die Geschichte von Orion, die später erzählt werden soll.

APOLLON

Apollon war der schönste der Götter. Sein Haar war wie dunkles Gold, seine Augen von stürmischem Blau. Er trug eine Tunika aus goldenem Leopardenfell, seinen goldenen Bogen und einen Köcher mit goldenen Pfeilen. Sein Wagen bestand aus gehämmertem Gold; die Pferde waren weiß und hatten goldene Mähnen und flammenfarbene Augen. Er war seit jeher der Sonnengott. Später wurde er zum Schirmherrn von Musik, Dichtung, Mathematik und Medizin. Und noch später, als er ein reifer Gott war, predigte er den Menschen Mäßigung. Er gebot denen, die zu ihm beteten, zuerst in ihr eigenes Herz zu schauen und dort den Ursprung der Weisheit zu entdecken und sich selbst in allen Dingen klug zu verhalten. Doch in seiner Jugend beging er viele grausame und rücksichtslose Taten. Mehr als einmal wurde er von Zeus, den er mit seinem Übermut verärgert hatte, beinahe aus dem Kreis der Götter ausgeschlossen.

Sobald er Pfeil und Bogen erhalten hatte, stürmte er den Olymp hinunter, um Python zu jagen, die Schlange, die seine Mutter verfolgt hatte. Die Dryaden, wahrhaft geschwätzige Geschöpfe, erzählten ihm, er könne seinen Feind auf dem Parnaß finden. Dorthin eilte er. Von einem Hügel aus sah er, wie tief unten die große Schlange ihren staubigen Leib dahinschlängelte. Er legte einen Pfeil ein, spannte den Bogen und ließ den Pfeil davonschwirren. Schnell wie das Licht schoß er dahin. Apollon sah, wie der Pfeil sein Ziel traf, sah die riesigen Windungen im Todeskampf zucken. Er stieß einen wilden, frohlockenden Schrei aus und stürmte den Hang hinunter, doch als er unten ankam, mußte er feststellen, daß die Schlange fort war. Sie hatte eine Blutspur hinterlassen, der er bis zum Orakel der Urmutter Erde in Delphi folgte. Das Untier versteckte sich in einer Höhle, wohin ihm niemand folgen konnte. Apollon blies auf seine Pfeilspitzen und schoß sie, so schnell er konnte, in die Höhle hinein. Flammen schlugen aus ihnen empor, als sie ihr Ziel trafen. Rauch füllte die Höhle, und die Schlange mußte herauskriechen. Apollon, der auf einem Felsen stand, schoß so viele Pfeile auf sie ab, daß sie aussah wie ein Stachelschwein. Er häutete die große Schlange und bewahrte die Haut als Geschenk auf.

Nun war aber dieser Platz, an dem er seinen

Feind getötet hatte, ein geweihter Ort; hier lebten
die Seherinnen der Urmutter Erde, die sogar von
den Göttern zu Rate gezogen wurden. Es waren
Priesterinnen, die man von Kindheit an auf ihre
Aufgabe vorbereitet hatte. Sie kauten Lorbeer,
entzündeten Feuer aus magischen Kräutern und
setzten sich in den Rauch, der sie in Trance ver-
setzte, und in diesem Zustand sahen sie – und ga-
ben in Rätseln wieder –, was die Zukunft bringen
würde. Da Apollon wußte, daß er das Heiligtum

bereits entweiht hatte, dachte er, er könne seine Tat jetzt ruhig zum äußersten treiben, und beanspruchte die Priesterinnen fur sich – von nun an sollten sie in seinem Namen weissagen.

Als Mutter Erde sich bei Zeus über den Mord an ihrem Geschöpf beklagte, gelobte Apollon voller Sanftmut, sich zu bessern. Zur Feier seines Sieges richtete er jährliche Spiele in Delphi ein, und die nannte er gnädig die Pythischen Spiele. Und alle Priesterinnen heißen fortan Pythia.

Weniger leicht entschuldbar war dagegen, was Apollon mit einem Satyr namens Marsyas tat. Der treffliche Bursche hatte das Pech, ein ausgezeichneter Musiker zu sein – ein Bereich, in dem Apollon sich für einzigartig hielt und keine Rivalität duldete. Als er allzu oft hören mußte, wie der Satyr gelobt wurde, lud Apollon ihn zu einem Wettstreit ein. Der Sieger sollte die Strafe wählen dürfen, die der Verlierer zu erleiden hätte, und die Musen sollten die Richter sein. So spielte Marsyas also auf seiner Flöte, und Apollon auf seiner Leier. Sie spielten vortrefflich; die Musen konnten sich nicht entscheiden, wer von ihnen der Sieger sein sollte. Da rief Apollon: »Nun mußt du dein Instrument umdrehen und mußt singen und spielen zur gleichen Zeit. So will es die Regel. Ich mache es dir vor.« Daraufhin drehte der Gott seine Leier um und sang und spielte ein Loblied auf die Götter

und besonders auf ihre schönen Töchter, die Musen. Doch
eine Flöte kann man nicht mehr
spielen, wenn man sie umgedreht
hat, und gewiß kann man nicht
singen, während man Flöte
spielt, und so wurde Marsyas
zum Verlierer erklärt. Apollon
beanspruchte seinen Preis. Er
zog Marsyas bei lebendigem Leib
die Haut ab und nagelte
sie an einen Baum. Ein
Bach brach aus den Wur-
zeln des Baumes
hervor und wurde
zu einem Fluß.
An den Ufern dieses
Flusses wuchs Schilf-
röhr, das lieblich sang,
wenn der Winde wehte.
Die Menschen
nannten den Fluß
Marsyas, und so
heißt er noch heute.

SÖHNE DES APOLLON

Während des Wettstreites mit dem Satyr Marsyas gewann Apollon die Gunst von Thalia, der verspieltesten Muse, der Königin der Festlichkeiten. Mit ihr zeugte er die Korybanten, auch Schopftänzer genannt, gelenkige junge Männer, die sich den Kopf bis auf einen in die Stirn fallenden Haarschopf kahlschoren und bei den großen rituellen Festen als Tänzer auftraten.

Dann begegnete er, während er über die Berghänge wanderte, einer jungen Frau, die ihn an seine Schwester erinnerte. Sie war eine Jägerin. Zu Fuß jagte sie das Wild, hetzte Bären und Wölfe. Als er sah, wie sie mit einem ausgewachsenen Löwen rang und ihn zu Boden warf, erwachte in ihm der Wunsch, sie zu besitzen. Sie hieß Kyrene. Der Sohn, den er mit ihr zeugte, erhielt den Namen Aristaios, und er lehrte die Menschen die Bienenzucht, den Anbau von Olivenbäumen, das Herstellen von Käse und etliche andere nützliche Künste.

Sein nächstes Abenteuer erlebte er mit der Nymphe Dryope. Er traf sie, als sie an einem Berghang Schafe hütete. Er versteckte sich hinter einem Baum und beobachtete sie. Zu seinem großen Leidwesen befand sie sich in der Gesellschaft von einer Schar Hamadryaden, schelmischer junger Dinger, die für ihr Leben gern schwatzten. So mußte er in seinem Versteck bleiben. Er wartete darauf, daß die Hamadryaden Dryope allein ließen, doch sie mochten nicht gehen. Götter sind ungeduldig, sie mögen es nicht, wenn man sie warten läßt. So verwandelte er sich in eine Schildkröte

und kroch hervor. Die Nymphen waren entzückt über seinen Anblick und drehten ihn hierhin und dorthin und kitzelten ihn mit einem Strohhalm. Er war eine prachtvolle, glänzende Schildkröte mit einem wunderschönen schwarzgrünen Panzer. Dryope wollte ihn für sich allein haben und steckte ihn in ihre Tunika. Als ihre Freundinnen protestierten, verwandelte er sich in eine Schlange, streckte seinen Kopf aus der Tunika hervor und zischte sie an. Die Hamadryaden flohen schreiend. Dryope fiel in Ohnmacht. Als sie wieder zu sich kam, lag sie in den Armen eines Gottes. Ihr gemeinsamer Sohn war Amphissos, ein Städtegründer und Erbauer von Tempeln.

Doch Apollons berühmtester Sohn war Asklepios, den wir auch unter dem Namen Äskulap kennen. Die Geschichte seiner Geburt war folgende.

Apollon verliebte sich in Koronis, eine thessalische Prinzessin, und bestand darauf, sie zu besitzen, was sehr unvernünftig war, denn sie liebte einen arkadischen Prinzen namens Ischys. Als sie schwanger war, mußte Apollon eine Reise antreten, aber er ließ eine weiße Krähe zurück, die auf sie aufpassen sollte. Damals waren alle Krähen weiß, und sie waren ausgezeichnete Aufpasser; sie hatten scharfe Augen und spöttische Stimmen.

Apollon war nach Delphi gereist. Dort verkün-

dete ihm ein Orakel, daß sich Koronis in eben diesem Augenblick mit dem jungen Ischys vergnüge.
Genau in dem Moment flog die Krähe herbei, aufs
heftigste erregt, voller Klatsch und Tratsch und erzählte ihm dieselbe Geschichte. »Deine Schuld!
Du hast nicht richtig auf die aufgepaßt!« rief Apol-

lon. Und er belegte die Krähe mit einem so wütenden Fluch, daß ihr Gefieder versengt wurde – und
seit dieser Zeit sind alle Krähen schwarz.

Apollon konnte sich nicht überwinden, Koronis zu töten. Also bat er seine Schwester Artemis, ihm den Gefallen zu tun. Sie war nur allzu gerne dazu bereit; sie hatte nie viel Verständnis für seine Amouren gehabt. Sie eilte nach Thessalien und tötete Koronis mit einem einzigen Pfeil.

Apollon, der völlig niedergeschlagen war, legte die Tote auf den Scheiterhaufen und zündete das Feuer an. Da fiel ihm ein, daß sie ein Kind von ihm erwartete. Hermes stand jetzt in der Nähe und wartete darauf, ihre Seele in den Tartaros zu führen, denn das war eine seiner Pflichten. Blitzschnell erfaßte er die Situation und entband das tote Mädchen von einem lebenden Kind, einem Sohn. Apollon wollte mit dem Kind nichts zu tun haben und bat Hermes, sich um den Jungen zu kümmern. Hermes war sehr beeindruckt gewesen von der Art, wie der Säugling alle Einzelheiten seiner eigenen Geburt verfolgt hatte – wie er alles mit erstauntem Blick und so interessiert beobachtet hatte, daß er darüber sogar zu schreien vergaß – und erkannte, daß dies ein ungewöhnlicher Knabe war. Er gab ihn in die Obhut von Chiron, dem Kentauren, dem sagenhaften Erzieher. Chiron lehrte ihn Diagnostik, Chirurgie, Kräuterkunde und das Jagen.

Der Junge konnte es nicht erwarten, endlich erwachsen zu werden. Er behandelte jeden, der ihm

unter die Hände kam, und war bald im ganzen
Land dafür bekannt, mit welchem Geschick er die
Kranken heilte. Sein Ruhm drang bis zu Apollon,
der beschloß, ihn auf die Probe zu stellen. Er ging
zum Haus des Asklepios – denn so hieß der Junge
– und zeigte sich ihm in der Verkleidung eines
schwachen alten Mannes, der mit allen ekelerregenden Krankheiten geschlagen war, die die
Medizin damals kannte – und als Bettler gab er
sich auch noch aus. Asklepios versorgte eigenhän-
dig diesen neuen Patienten und war dabei so sanft
und so geschickt, daß Apollon staunte. Der Gott
nahm wieder seine ursprüngliche Gestalt an und
umarmte den jungen Mann und sagte zu ihm, er
sei sehr zufrieden mit seinen Fortschritten. Er
schickte ihn zu seiner Tante Athene, die, wie er
sagte, gewisse Geheimnisse der Sterblichkeit kenne. Auch sie war sehr angetan von dem jungen
Mann und gab ihm zwei Phiolen mit Gorgonen-
blut. Der Inhalt der einen Phiole konnte Tote wie-
derauferwecken, die andere enthielt das tödlichste
Gift, das es je auf Erden gegeben hatte. »Nein,
Tante«, sagte er. »Ich brauche nur die erste Phiole.
Behalte du die andere.«

Manche sagten, es sei nur seinem eigenen Geschick zu verdanken, wenn er den Toten das Leben
wiedergebe, und Athene versuche nur, etwas von
seinem Ruhm auf sich selbst zu lenken. Wie dem

auch sei, es gelang ihm, einige Patienten zu retten, die schon vor den Toren des Tartaros standen, und Hades raste vor Wut. Er beschwerte sich bei seinem Bruder Zeus, daß Asklepios ihn beraube. Zeus stand auf dem Olymp, schleuderte einen Blitz hinab und tötete den jungen Arzt zusammen mit dem Patienten, den er gerade behandelte.

Als Apollon davon erfuhr, bekam er einen seiner heftigen, rasenden Wutanfälle, stürmte zum Olymp hinauf, trat die Türen zur Schmiede des Hephaistos ein und erschlug dort alle Zyklopen, die den Donnerkeil geschmiedet hatten, mit dem sein Sohn getötet worden war. Als das dem Zeus zu Ohren kam, verbannte er Apollon auf ewig in den Tartaros. Doch seine Mutter Leto kam und verwandte sich bei ihm für ihren Sohn, indem sie ihn an ihre alte Liebe erinnerte. Sie redete so schön und gewandt, daß Zeus nachgab, das Urteil von Apollons Verbannung widerrief und sich sogar bereit erklärte, Asklepios wieder ins Leben zurückzuholen. Doch er empfahl ihm, in Zukunft bei seinen Behandlungen mehr Takt walten zu lassen und die Götter nicht mehr zu beleidigen.

Als Aphrodite diese Geschichte hörte, wurde sie von Neid ergriffen. Sie hielt sich für den besonderen Liebling des Zeus, doch soviel hatte er noch nie für sie getan. Ihr Herz verhärtete sich gegenüber Apollon, und sie wollte ihm irgendein Unheil zufügen. Sie rief ihren Sohn Eros herbei, den kleinen Bogenschützen, dessen Pfeile mit ihrem süßen Gift Männer und Frauen an einem höchst gefährlichen Fieber erkranken lassen. Sie erklärte ihm, was sie von ihm wollte.

Eros besaß zwei Arten von Pfeilen: die einen hatten eine goldene Spitze und am hinteren Ende weiße Taubenfedern – das waren die Liebespfeile. Die anderen waren aus Blei und hatten braune Eulenfedern – das waren die Pfeile der Gleichgültigkeit. Er nahm seinen Bogen zur Hand und pirschte sich an sein Wild heran.

Apollon, so wußte er, befand sich gerade auf der Jagd; also ließ er Daphne, eine Bergnymphe, die Tochter des Flußgottes Peneios, Apollons Pfad kreuzen. Dann, als er unsichtbar über ihnen schwebte, schoß er auf Apollon den Liebespfeil und auf Daphne den Pfeil der Gleichgültigkeit ab. Als der goldene Gott den Hang hinunter auf die Nymphe zukam, sah er, wie sie zusammenzuckte und dann fortlief. Das konnte er nicht verstehen. Sie floh; der Gott lief hinterher. Sie war eine flinke Läuferin, doch hinter ihr ertönten schwere Schritte, und sie spürte seinen heißen Atem auf ihren Schultern.

Sie lief zum Fluß und rief: »O Vater, rette mich. Rette mich!« Ihr Vater hörte sie. Apollon, der ihr seine Arme entgegenstreckte, mußte plötzlich

feststellen, daß er einen Baum umarmte; die rauhe Borke zerkratzte ihm das Gesicht. »Aber warum? – Warum haßt du mich so?« fragte er.

Der Wind blies durch das Laub, und es flüsterte: »Ich weiß es nicht ... ich weiß es nicht ...«

Doch dann hatte der Baum Mitleid mit dem Gott und seinem Kummer und machte ihm ein Geschenk – einen Kranz von seinem Laub, einen Lorbeerkranz, der nie verwelken würde –, mit dem fortan Helden und Dichter und junge Männer, die bei sportlichen Spielen gewannen, gekrönt werden würden.

Und noch heute, wenn sie von den Verlierern gefragt werden, flüstern die Lorbeerbäume: »Ich weiß es nicht ... ich weiß es nicht ...«

HERMES

Junge Götter sind oft recht frühreif, doch keiner war so frühreif wie Hermes, der schon fünf Minuten nach seiner Geburt heimlich aus seiner Wiege kletterte und sich auf die Suche nach Abenteuern begab. Flink wackelte er die Hänge des Berges Kyllene hinunter, bis er zu einer Wiese kam, auf der er eine Herde schöner weißer Kühe grasen sah. Er konnte keinen Kuhhirten entdecken und beschloß, die Kühe zu stehlen. Ein ganzer Baum voller Krähen geriet in Aufruhr und begann zu flöten: »Sie gehören Apollon ... Apollon ... 'pollon ...«, doch er achtete nicht auf sie. Er flocht Gras zu Schuhen für die Kühe und zog sie über ihre Hufe und trieb sie vor sich her.

Als Apollon zurückkehrte, geriet er in Wut, als er feststellen mußte, daß seine Kühe fort waren, und in noch größere Wut, als er nach Spuren suchte und keine fand – nur merkwürdig ausladende Abdrücke auf der Erde. Die Krähen krächzten:

»Ein Baby hat sie gestohlen … dein Bruder, dein Bruder…« Doch das ergab für Apollon keinen Sinn; außerdem traute er den Krähen nicht. Er hatte keine Ahnung, wo er zuerst suchen sollte; er suchte überall, doch weit und breit war nichts von seinen Kühen zu sehen.

Eines Morgens ging er an einer Höhle vorbei, an der er schon hundertmal vorbeigegangen war. Doch dieses Mal hörte er merkwürdige schöne Laute aus der Höhle kommen – Laute, die keinem anderen Geräusch glichen, das er jemals zuvor gehört hatte –, und er schaute hinein. Dort, am

Feuer vor sich hindösend, saß eine hochgewachse-ne, liebliche Titanin mit Namen Maia, die er schon früher in den Gärten des Olymp gesehen hatte. In ihrem Schoß saß ein kleiner Junge, der

an einem großen Schildkrötenpanzer herumfingerte, aus dem die merkwürdigen Laute zu kommen schienen.

»Guten Tag, Kusine«, sagte Apollon. »Darf man dir zu einem neuen Sohn gratulieren?«

»Sei gegrüßt, lichter Phoebus«, sagte Maia. »Es ist mir eine Ehre, dir deinen Halbbruder, den kleinen Hermes, vorzustellen.«

»Halbbruder, was? Nun ja, das ist zwar eine Ehre, aber durchaus nichts Besonderes. Womit spielt er denn da?«

»Er macht sich sein eigenes Spielzeug«, erklärte Maia stolz. »Er ist so klug, das kannst du dir gar nicht vorstellen. Das hier hat er aus einem alten Schildkrötenpanzer gebastelt, den er mit Kuhdarm bespannt hat, und er zaubert die hinreißendste Musik daraus hervor. Hör nur zu...«

»Kuhdarm? Darf ich fragen, welche Kuh er dazu überredet hat, ihm ihre lebenswichtigen Innereien zu seinem Zeitvertreib zu überlassen?«

»Ich verstehe deine Frage nicht, Vetter.«

»Dann wisse dies, Kusine. Erst vor kurzem wurde mir eine Kuhherde gestohlen. Die Krähen haben mir erzählt, die Kühe seien von einem Säugling, meinem eigenen Bruder, gestohlen worden, doch ich habe ihnen nicht geglaubt. Wie es scheint, muß ich mich bei ihnen entschuldigen.«

»Was?« schrie Maia. »Beschuldigst du etwa diesen unschuldigen Säugling, ein Viehdieb zu sein? Schäme dich!«

»Mutter, wenn du gestattest«, ließ sich eine junge klare Stimme vernehmen, »dann überlaß diese Angelegenheit lieber mir.« Der Junge stand auf den Knien seiner Mutter und verneigte sich vor Apollon. »Es stimmt, ich habe deine Kühe genommen, Bruder. Doch ich habe nicht gewußt, daß sie dir gehörten. Wie hätte ich das wissen sollen? Und es geht ihnen allen recht gut, außer einer. Da ich mein Leben mit einer frommen Tat beginnen wollte, habe ich sie den zwölf Göttern geopfert.«

»Zwölf Götter?« fragte Apollon hochmütig. »Ich kenne nur elf.«

»Ja, Verehrtester«, sagte Hermes. »Aber ich habe die Ehre, der zwölfte zu sein. Vor allem hoffe ich auf deinen guten Willen, lieber Bruder. Also erlaube mir, dir als Gegenleistung für diese Kuh ein Geschenk zu machen – dieses Instrument. Ich nenne es eine Lyra. Und ich werde dir gerne beibringen, wie man darauf spielt.«

Apollon war entzückt über den Tausch. Den ganzen Nachmittag lang blieb er in der Höhle und übte Tonleitern. Während er auf seinem neuen Instrument klimperte, bemerkte er, daß Hermes Schilfrohr schnitt, es geschickt zusammenband, auf ganz bestimmte Weise einkerbte, dann an die Lippen hielt und anfing, Laute hervorzubringen, die noch schöner waren als diejenigen, die er der Lyra entlockt hatte.

»Was ist das?« rief Apollon. »Wie nennst du dies Instrument? Das muß ich haben.«

»Ich brauche keine weiteren Kühe«, sagte Hermes.

»Ich muß es haben. Was sonst wünschst du dir von mir?«

»Deinen goldenen Stab.«

»Aber das ist mein Hirtenstab. Weißt du denn nicht, daß ich der Gott der Hirten bin und daß dies das Insignium meiner Macht ist?«

»Ein unbedeutendes Amt«, sagte Hermes. »Eines Gebieters der Sonne nicht würdig. Vielleicht erlaubst du mir, dieses Amt zu übernehmen. Gib mir den goldenen Stab, und ich gebe dir diese Flöte.«

»Einverstanden! Einverstanden!«

»Doch da Flöte und Lyra zusammen dich zum Gott der Musik machen, mußt du mir noch etwas dazu geben. Lehre mich die Kunst des Wahrsagens.«

»Für einen Säugling stellst du ganz schöne Forderungen«, sagte Apollon. »Ich glaube, du gehörst auf den Olymp, Bruder. Diese Höhle wird deinen Talenten bald nicht mehr genügend Entfaltungsmöglichkeiten bieten.«

»O ja, nimm mich mit!« rief Hermes. »Ich brenne darauf, Vater Zeus kennenzulernen.«

Also nahm Apollon Hermes mit auf den Olymp und stellte ihn seinem Vater vor. Zeus war fasziniert von der Geistesgegenwart und der Frechheit des Jungen. Er versteckte ihn vor Hera und liebte es, sich stundenlang mit ihm zu unterhalten.

»Du sagst, du willst im Pantheon aufgenommen werden«, sagte Zeus. »Aber so leid es mir auch tut – so wie es aussieht, sind alle Reiche und alle Ämter schon vergeben.«

»Vater, ich bin von Natur aus bescheiden«, sagte Hermes. »Ich verlange keinen hohen Posten. Nur

eine Gelegenheit, mich nützlich zu machen, dir zu
dienen und in deiner gütigen und mächtigen Ge-
genwart zu leben. Laß mich dein Bote sein. Laß
mich deine Botschaften übermitteln. Du wirst sehen, ich bin schnell und findig, und was ich
vergessen habe, werde ich hinzudichten. Und ich
versichere dir, deine Untertanen werden schon
verstehen.«

   »Nun gut, es sei«, sagte Zeus. »Ich will es mit dir
versuchen.«

So wurde Hermes zum Götterboten, und er erfüllte seine Aufgaben mit einer solchen Schnelligkeit, einer solchen Klugheit und einer solchen Freude, daß er zum Liebling seines Vaters wurde, der ihn bald mit weiteren Ämtern belohnte. Hermes wurde zum Schutzherrn der Lügner und Diebe und Spieler, zum Gott der Kaufleute, zum Verfasser von Verträgen und zum Beschützer der Reisenden. Auch Hades wurde sein Kunde und beauftragte ihn, die gerade Verstorbenen von der Erde in den Tartaros zu geleiten.

Er richtete sich eine Werkstatt auf dem Olymp ein und erfand dort das Alphabet, die Astronomie und die Waage; auch Spielkarten und Spiele dafür. Er trug Apollons goldenen Stab, mit weißen Bändern verziert, einen topfförmigen Hut und Flügelschuhe, die ihn schneller durch die Lüfte trugen, als jeder Vogel zu fliegen vermochte.

Er war es, der Zeus auf die Idee brachte, sich zu verkleiden und sich unter die Sterblichen zu mischen, wann immer er sich auf dem Olymp langweilte. Er begleitete seinen Vater bei diesen Ausflügen, und sie erlebten viele Abenteuer zusammen. Diese sollen zu gegebener Zeit erzählt werden.

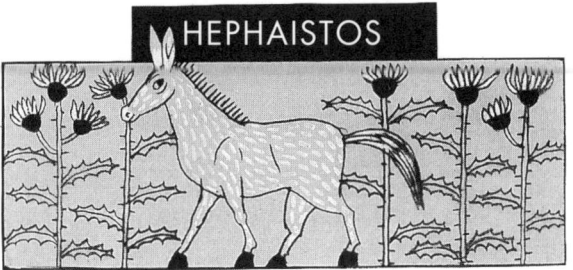

HEPHAISTOS

Niemand feierte die Geburt des Hephaistos. Seine Mutter Hera hatte ihn voller Ungeduld erwartet und auf ein Kind gehofft, das so schön, so begabt wäre, daß Zeus darüber seinen Schwarm Heldenkinder von niederen Gefährtinnen vergessen würde. Doch als sie ihren Sohn zur Welt gebracht hatte, sah sie voller Entsetzen, daß er verwachsen und häßlich war und jämmerlich vor sich hin plärrte. Sie wartete gar nicht erst, bis Zeus ihn sich ansah, sondern packte den Säugling und warf ihn vom Olymp hinunter.

Eine ganze Nacht und einen ganzen Tag lang dauerte sein Sturz, und schließlich schlug er am Meeresufer mit solcher Wucht auf die Erde auf, daß er sich beide Beine brach. Da lag er nun am Strand und jammerte kläglich, war nicht einmal mehr fähig zu kriechen, hatte rasende Schmerzen und konnte doch nicht sterben, weil er als Gott unsterblich war. Schließlich kam die Flut. Eine riesige Welle nahm ihn unter den Arm und trug ihn aufs Meer hinaus. Da sank er wie ein Stein und wurde von der verspielten Thetis, einer Najade, gefangen, die ihn für eine Kaulquappe hielt.

Als Thetis begriff, daß sie einen kleinen Jungen eingefangen hatte, nahm sie ihn sich zum Spielzeug und behielt ihn in ihrer Grotte. Sie staunte über das Geschick, mit dem der verkrüppelte Junge Muscheln und glänzende Kiesel zu Schmuckstücken verarbeitete. Eines Tages erschien sie auf einem großen Fest der Götter mit einer Halskette, die er gemacht hatte. Hera bemerkte den Schmuck und lobte ihn und fragte, woher sie ihn habe. Thetis erzählte ihr von dem merkwürdigen verkrüppelten Jungen, den jemand ins Meer geworfen hatte und der jetzt in ihrer Höhle lebte und wunderschönen Schmuck anfertigte. Hera ahnte, daß es ihr eigener Sohn sein mußte, und verlangte ihn zurück.

Hephaistos kehrte zurück auf den Olymp. Dort schenkte ihm Hera einen zerklüfteten Berg ganz in der Nähe, wo er Schmiedeofen und Blasebalg aufstellen konnte. Sie wies ihm die starken Zyklopen als Helfer zu und versprach ihm Aphrodite als Braut, wenn er nur in dem Berg arbeitete und schöne Dinge für sie machte. Hephaistos stimmte zu, denn er liebte sie und verzieh ihr, daß sie so grausam zu ihm gewesen war.

»Ich weiß, daß ich häßlich bin, Mutter«, sagte er, »doch das Schicksal hat es so gewollt. Und ich werde dir für deine wohlgeformten Arme und deinen weißen Hals und dein schwarzes Haar so schöne Juwelen anfertigen, daß du manchmal, wenigstens für kurze Zeit, meine Häßlichkeit vergessen und dich freuen wirst, daß du mich aus dem Meer zurückgeholt hast.«

Er wurde der Gott der Schmiedekunst, der große Feuerwerker, der Herr der Technik. Und stets rauchte der Berg und rumorte bei seiner mühseligen Arbeit, und stets blieb er äußerst häßlich und äußerst nützlich.

APHRODITE

Aphrodite war die Göttin der Liebe und der Schönheit, und deshalb gibt es über sie mehr Geschichten als über alle anderen Götter und Sterblichen zusammen. Als Göttin der Liebe hat sie auch mit den Geschichten der anderen zu tun; und so groß ist die Macht ihres magischen Gürtels, daß alle Männer, die ihren Namen aussprechen, ihrem Zauber verfallen, und es kommt ihnen vor, als könnten sie einen flüchtigen Blick auf ihre weißen Schultern erhaschen und den Duft ihres goldenen Haars erahnen. Und diese Männer verlieren den Verstand und fangen an zu stammeln und dieselbe Geschichte wieder und wieder auf immer andere Weise zu erzählen.

Doch all die Geschichten stimmen darin überein, daß sie die Göttin der Begierde ist und sich, im Gegensatz zu den anderen Göttern des Olymp, nicht von ihren Pflichten ablenken läßt. Ihre Arbeit ist ihr Vergnügen, ihr Beruf ihr Hobby. Sie

denkt an nichts anderes als an die Liebe, und
mehr erwartet auch niemand von ihr.

Der allererste Mord lieferte die Umstände für

ihre Geburt. Als Kronos seinen Vater Uranos mit der Sichel niedergemetzelt hatte, die seine Mutter ihm gegeben hatte, schleuderte er den verstümmelten Leichnam vom Olymp hinab ins Meer. Der Leichnam schwamm auf dem Wasser, Blut und Samen spritzten aus ihm hervor und trieben, von der Sonne gebleicht, weiter. Aus dem Schaum wurde eine hochgewachsene, wunderschöne junge Frau geboren, nackt und wassertriefend stand sie da. Wellen umspülten sie. Poseidons weiße Pferde brachten sie zur Insel Kythera. Überall dort, wo sie ihren Fuß hinsetzte, verwandelte sich der Sand in Gras und fingen Blumen an zu blühen. Später ging sie nach Zypern. Da sprossen dort plötzlich Blumen auf den Hängen, und die Luft war voller Vögel.

Zeus brachte sie auf den Olymp. Immer noch tropfte das Wasser an ihr herab. Sie trug nichts außer der Tunika ihres Haars, das ihr bis auf die Schenkel fiel und gelb war wie Narzissen. Sie schaute sich in dem riesigen Thronsaal um, in dem die Götter zusammengekommen waren, um sie zu begrüßen, sie räusperte sich und lachte vor Freude.

Hera beobachtete Zeus mit zusammengekniffenen Augen. »Du mußt sie verheiraten«, flüsterte sie. »Sofort – unverzüglich!«

»Ja«, sagte Zeus. »Eine Heirat, ganz gleich welche, scheint wohl angebracht.«

Und er sagte: »Brüder, Söhne, Vettern, Aphrodite soll verheiratet werden. Sie soll sich ihren Gatten selber wählen. Also tragt eure Werbung vor.«

Die Götter umringten sie, riefen ihr Versprechungen zu, und jeder versuchte, seinen Anspruch geltend zu machen. Der erdbebenbringende Poseidon schwang seinen mächtigen Dreizack, um sich Platz zu verschaffen. »Ich fordere dich für das Meer«, sagte er. »Du bist meergeboren, schaumgeboren und gehörst zu mir. Ich biete dir Grotten, Rätsel, Juwelen, ruhige Meeresoberflächen, dunkle Orte. Ich biete dir Abwechslung. Ertrunkene Seeleute, Taifune, Sonnenuntergänge. Ich biete dir Geheimnisse. Ich biete dir Reichtümer, wie sie die Erde nicht kennt – eine Macht, viel subtiler, viel fließender als das langweilige Festland. Komm mit mir – werde Königin der See.«

Er stieß seinen Dreizack in den Boden, und eine riesige grüne Flutwelle wälzte sich vom Meer heran – hoch, so hoch wie der Olymp, rollte ihre mächtige grüne Zunge hervor, als wollte sie den ganzen Berg auflecken – und blieb dann zitternd aber nicht brechend stehen, während die Götter staunend zusahen. Dann hob Poseidon seinen Dreizack, und die mächtige Woge zog sich zurück wie eine sanfte, kleine Welle. Er verneigte sich vor Aphrodite. Sie lächelte ihn an, sagte jedoch nichts.

Dann redeten alle anderen Götter der Reihe

nach auf sie ein und boten ihr große Geschenke. Apollon versprach ihr einen Thron und eine Krone, aus dem heißesten Sonnengold gefertigt, einen goldenen, von weißen Schwänen gezogenen Wagen und die Musen als Mägde. Hermes bot ihr an, sie zur Königin der Kreuzwege zu machen, wo einem alles und jedes begegnet – wo sie jede Geschichte hören, jeden Reisenden sehen, von jedem Handelsgeschäft erfahren würde –, ein wechselvolles Bild, so reich an Abenteuern und Klatschgeschichten, daß es ihr niemals langweilig werden würde.

Sie lächelte Apollon und Hermes an und gab keine Antwort.

Da streckte Hera mit finsterem Blick ihren langen weißen Arm aus und zog Hephaistos, den lahmen Gott der Schmiedekunst, von dem Platz hervor, an dem er sich hinter den anderen versteckt hielt, weil er sich schämte, gesehen zu werden. Und sie zischte ihm ins Ohr: »Sprich, du Narr. Sag genau das, was ich dir befohlen haben.«

In höchster Verlegenheit humpelte er nach vorn und stand mit niedergeschlagenen Augen vor der strahlend schönen Göttin, denn er wagte nicht, sie anzusehen. Er sagte: »Ich wäre ein guter Ehemann für ein Mädchen wie dich. Ich arbeite bis spät in die Nacht.«

Aphrodite lächelte. Sie sagte nichts, sondern

nahm nur das Kinn des rußverschmierten kleinen Schmiedes in die Hand, hob seinen Kopf, beugte sich hinunter und küßte ihn auf den Mund.

Noch in derselben Nacht heirateten die beiden. Und bei der Hochzeitsfeier fing sie endlich an zu sprechen. Flüsternd wandte sie sich an jeden einzelnen ihrer Anbeter und nannte jedem eine Zeit, da er mit seinen Geschenken zu ihr kommen sollte.

NATURMYTHEN

PROMETHEUS

Prometheus war ein junger Titan und kein großer Bewunderer des Zeus. Obgleich er wußte, daß der mächtige Herr des Himmels allzu ausführliche Fragen haßte, zögerte er nicht, ihm mutig entgegenzutreten, wenn er etwas wissen wollte.

Eines Morgens kam er zu Zeus und sagte: »O Herr des Donners, ich verstehe deine Absicht nicht. Du hast dafür gesorgt, daß es das Menschengeschlecht auf der Erde gibt, aber nun hältst du es in Unwissenheit und Dunkel.«

»Es wäre wohl besser, du überließest die Sorge um das Menschengeschlecht mir«, erwiderte Zeus. »Was du Unwissenheit nennst, ist Unschuld. Was du Dunkel nennst, ist der Schatten meines Ratschlusses. Der Mensch ist glücklich so. Und er ist so beschaffen, daß er auch in Zukunft glücklich sein wird, es sei denn, es überzeugte ihn jemand davon, daß er unglücklich ist.«

Prometheus aber sagte: »Sieh ihn dir an. Sieh

hinunter. Er verkriecht sich in Höhlen. Er ist den wilden Tieren und dem Wetter auf Gedeih und Verderb ausgeliefert. Das Fleisch ißt er roh. Wenn du dir etwas dabei gedacht hast, erleuchte mich mit deiner Weisheit. Erkläre mir, warum du dem Menschen die Gabe des Feuers verwehrst.«

Zeus entgegnete: »Weißt du denn nicht, Prometheus, daß jede Gabe einen Fluch in sich birgt? So haben die Moiren die Fäden des Schicksals gewebt – und auch die Götter müssen sich damit abfinden. Es ist wahr, der Mensch hat kein Feuer, und also verfügt er auch nicht über die Handwerkskünste, die erst das Feuer möglich macht. Andererseits kennt er keine Krankheiten, keine Kriege, kein Alter und auch nicht diese seelische Plage, die man Sorge nennt. Er ist glücklich, ich wiederhole, glücklich ohne Feuer. Und das soll er auch bleiben.«

»Er ist glücklich, so wie Tiere glücklich sind«, sagte Prometheus. »Welchen Sinn hat es, eine besondere Rasse mit Namen Menschheit zu erschaffen und sie auszustatten mit nur wenig Fell, wenig Intelligenz und diesem merkwürdigen Handicap, nicht in die Zukunft sehen zu können? Wenn der Mensch so leben muß, warum ihn dann überhaupt von den Tieren unterscheiden?«

»Er hat noch etwas anderes, das ihn auszeichnet«, sagte Zeus, »die Gabe zu beten. Die Fähigkeit, unsere Macht zu bewundern, von unseren Rätseln verwirrt und von unseren Launen überrascht zu sein. Dazu ist er erschaffen worden.«

»Würden das Feuer und die Vorteile, die er daraus ziehen könnte, ihn nicht noch interessanter machen?«

»Interessanter vielleicht, aber auch weitaus gefährlicher. Denn auch dies ist dem Menschen gegeben: ein prahlerischer Stolz, der nur wenig Nahrung braucht, um zu riesiger Größe anzuschwellen. Erleichtere sein Schicksal, und er wird das vergessen, was ihn so angenehm macht – seine Fähigkeit zu verehren, seine Demut. Er wird groß werden, und der Stolz wird ihn vergiften, und er wird sich selbst für einen Gott halten, und eher als wir es gedacht hätten, werden wir erleben, wie er den Olymp stürmt. Genug, Prometheus! Ich war sehr geduldig mit dir, doch treibe es nicht zu weit. Geh jetzt und belästige mich nicht weiter mit deinen gefährlichen Mutmaßungen.«

Prometheus gab sich nicht damit zufrieden. Die ganze Nacht lang lag er wach und schmiedete Pläne. Dann bei Morgengrauen verließ er sein Lager,

stellte sich auf Zehenspitzen auf den Olymp und reckte seinen Arm nach Osten, dem Horizont entgegen, wo die ersten schwachen Flammen der Sonne flackerten. In seiner Hand hielt er ein mit trockener Holzfaser gefülltes Schilfbündel. Er stieß es in den Sonnenaufgang, bis ein Funke zu glimmen begann, dann verbarg er es in seiner Tunika und kletterte den Berg wieder hinunter.

Zuerst hatten die Menschen Angst vor dem Geschenk. Es war so heiß, so schnell; stechend brannte es, wenn man es berührte, und aus reiner Bosheit ließ es die Schatten tanzen. Sie dankten Prometheus und baten ihn, es wieder mitzunehmen. Er aber nahm das Lendenstück eines gerade getöteten Hirsches und hielt es über das Feuer. Und als das Fleisch angebraten war und anfing zu zischen und mit seinem schweren Duft die Höhle erfüllte, spürten die Menschen, wie sie vor Hunger fast vergingen, und stürzten sich auf das Fleisch, verschlangen es gierig und verbrannten sich die Zunge dabei.

»Das, was ich euch gebracht habe, nennt man ›Feuer‹«, sagte Prometheus. »Es ist ein boshafter Geist, ein kleiner Bruder der Sonne, doch wenn ihr vorsichtig damit umgeht, kann es euer ganzes Leben verändern. Es ist sehr gierig; ihr müßt es mit Zweigen füttern, aber nur solange, bis es die richtige Größe hat. Dann müßt ihr aufhören, sonst

frißt es alles, was sich in seiner Reichweite befindet – auch euch. Wenn es außer Kontrolle gerät, könnt ihr euch eines Zaubers bedienen: des Wassers. Es fürchtet den Wassergeist, und wenn ihr es mit Wasser bespritzt, fliegt es davon, so lange bis ihr es wieder braucht.«

Er ließ das Feuer in der ersten Höhle brennen, und die Kinder starrten es mit weitaufgerissenen Augen an, und dann ging er weiter zu jeder einzelnen Höhle im ganzen Land.

Eines Tages blickte Zeus vom Berg herab und

staunte. Alles hatte sich verändert. Der Mensch war aus seiner Höhle gekommen. Zeus sah Jagdhütten, sah Dörfer, umfriedete Städte, sogar ein oder zwei Burgen. Er sah, wie die Menschen ihr Essen kochten und wie sie des Nachts Fackeln trugen, um ihre Wege zu beleuchten. Er sah lodernde Flammen in Schmiedeöfen, Männer, die aus dem geschmiedeten Eisen Pflüge hämmerten, Kiele, Schwerter, Speere. Sie bauten Schiffe und zogen Segel auf wie weiße Flügel und wagten es, sich bei ihren Reisen der ungestümen Kraft des Winds zu bedienen. Sie trugen Helme und fuhren auf Streitwagen in die Schlacht – ganz wie die Götter.

Zeus raste vor Wut. Er griff nach seinem größten Donnerkeil. »Feuer wollen sie also«, sagte er zu sich selbst. »Ich werde ihnen Feuer geben – mehr als sie gebrauchen können. Ich werde ihren erbärmlichen kleinen Erdball in Schutt und Asche legen.« Doch dann kam ihm ein anderer Gedanke, und er ließ den Arm sinken. »Nein«, sprach er bei sich, »ich werde mich rächen – und gleichzeitig meinen Spaß dabei haben. Sollen sie sich doch mit ihren neuen Kenntnissen selbst zerstören. Das wird ein langes, kompliziertes Spiel geben, und ich werde interessiert zusehen. Doch dem werde ich mich später widmen. Jetzt muß ich mich erst einmal um Prometheus kümmern.«

Er rief seine riesigen Wächter herbei und befahl

ihnen, Prometheus zu ergreifen, ihn in den Kaukasus zu schleppen und dort mit großen, eigens von Hephaistos angefertigten Ketten an einen Berggipfel zu schmieden – mit Ketten, die nicht einmal ein Titan im Todeskampf sprengen konnte. Und als der Freund der Menschen an den Berg geketted war, ließ Zeus ohne Unterlaß zwei Geier über ihm kreisen, die ihm den Brustkorb aufrissen und von seiner Leber fraßen.

Die Menschen wußten, daß auf dem Berg etwas Schreckliches geschah, doch sie wußten nicht, was. Nur der Wind kreischte wie ein Riese in Todespein und manchmal auch wie wilde Vögel.

Viele Jahrhunderte hing Prometheus dort – bis ein anderer Held geboren wurde, der mutig genug war, den Göttern die Stirn zu bieten. Er erklomm den Gipfel im Kaukasus, zerschlug die Fesseln des Prometheus und tötete die Geier. Sein Name war Herakles.

Nachdem Zeus Prometheus verurteilt hatte, weil
er es gewagt hatte, den Menschen das Feuer zu
bringen, begann er zu überlegen, wie er die Menschen dafür bestrafen konnte, daß sie dieses Geschenk angenommen hatten.

Schließlich verfiel er auf einen Plan. Er befahl
Hephaistos, aus Lehm ein Mädchen zu formen
und Aphrodite dafür Modell stehen zu lassen, um
sicherzugehen, daß dieses Mädchen schön werden würde. Er hauchte der Lehmgestalt Leben
ein; der Lehm verwandelte sich in Fleisch, und da
lag sie nun, gerade erst erschaffen, und schlief.
Dann rief er die Götter zusammen und bat sie, jeder solle ihr ein Geschenk machen.

Apollon lehrte sie zu singen und die Lyra zu
spielen. Athene lehrte sie zu spinnen, Demeter
zeigte ihr, wie man einen Garten pflegt. Aphrodite
lehrte sie, die Männer anzuschauen, ohne den
Blick abzuwenden, und zu tanzen, ohne die Beine

zu bewegen. Poseidon schenkte ihr eine Perlenkette und versprach ihr, daß sie niemals ertrinken werde. Hermes schließlich schenkte ihr ein goldenes Kästchen, das sie, so schärfte er ihr ein, niemals und unter keinen Umständen öffnen dürfe. Und dann schenkte Hera ihr die Neugierde.

Hermes nahm sie bei der Hand und führte sie die Hänge des Olymp hinab. Er führte sie zu Epimetheus, dem Bruder des Prometheus, und sagte: »Vater Zeus schmerzt die Schande, die über eure Familie gekommen ist. Und um dir zu zeigen, daß er dich für die Tat deines Bruders nicht verantwortlich macht, läßt er dir dieses Geschenk bringen – diese junge Frau, die schönste auf der ganzen Welt. Sie soll deine Frau werden. Sie heißt Pandora, die Gabenreiche.«

So wurden Epimetheus und Pandora Mann und Frau. Pandora webte und backte und versorgte ihren Garten, spielte die Lyra und tanzte für ihren Mann und hielt sich selbst für die glücklichste junge Frau auf der ganzen Welt. Nur eines quälte sie – das goldene Kästchen. Anfangs ließ sie es auf einem Tisch stehen und polierte es jeden Tag, damit alle es bewundern konnten. Doch dann brach das Sonnenlicht durch das Fenster, und das Kästchen funkelte und schien ihr zuzuwinken.

Sie ertappte sich dabei, wie sie dachte: »Hermes hat mich sicher nur aufziehen wollen. Immer treibt er seine Späße; das weiß jeder. Ja, er hat sicher nur einen Scherz gemacht, als er mir sagte, ich dürfe sein Geschenk niemals öffnen. Denn wenn es schon von außen so wunderschön ist, was muß dann erst Schönes darin sein? Natürlich, er hat in dem Kästchen eine Überraschung für mich versteckt. Ganz bestimmt sind es Juwelen, wie sie herrlicher noch nie ein Mensch gesehen hat. Wenn schon das Kästchen so prachtvoll ist, muß das Geschenk darin noch herrlicher sein – denn das haben Geschenke nun einmal so an sich. Vielleicht *erwartet* Hermes ja sogar von mir, daß ich das Kästchen öffne und nachsehe, was darin ist, und entzückt bin und mich bei ihm bedanke. Vielleicht hält er mich für undankbar...«

Doch schon während sie das dachte, wußte sie, daß es nicht so war – das Kästchen durfte nicht geöffnet werden, sie mußte ihr Versprechen halten.

Schließlich nahm sie das Kästchen vom Tisch und versteckte es in einer kleinen verstaubten Vorratskammer. Aber seine Glut schien all ihre Gedanken zu versengen, wohin auch immer sie ging. Immer wieder kam sie an der Kammer vorüber und ging hinein, und sie erfand allerlei Entschuldigungen, die ihre ständige Anwesenheit dort erklären sollten. Zuweilen nahm sie das Kästchen aus seinem Versteck hervor und strich zärtlich darüber, dann schob sie es schnell an einen Platz, an

dem sie es nicht mehr sehen konnte, und verließ eilig die Kammer.

Später nahm sie es, sperrte es in eine schwere Eichentruhe, legte breite Ketten um die Truhe und hob ein Loch im Garten aus. Sie senkte die Truhe in das Loch, bedeckte sie mit Erde und rollte einen Felsbrocken darüber. Als Epimetheus an jenem Abend nach Hause kam, war ihr Haar zerzaust, und ihre Hände waren blutverschmiert, ihre Tunika war zerrissen und voller Flecke. Doch sie erzählte nichts, außer daß sie im Garten gearbeitet hätte.

In jener Nacht fiel das Mondlicht strahlend in das Zimmer. Sie konnte nicht schlafen. Bei dem hellen Licht vermochte sie kein Auge zu schließen. Sie setzte sich im Bett auf und sah sich um.

Das ganze Zimmer schwamm im Mondlicht. Alles war verändert. Da waren tiefe Schatten und Silberschwaden, die ineinander verschwammen, die sich bewegten. Leise stand sie auf und verließ auf Zehenspitzen das Zimmer.

Sie ging in den Garten hinaus. Die Blumen neigten sich, die Bäume schwankten im Wind. Die ganze Welt wiegte sich im Tanz, in dem verzauberten weißen Glanz dieses Mondlichts. Sie ging zu dem Felsbrocken und gab ihm einen Stoß. So mühelos wie ein Kieselstein rollte er davon. Und sie fühlte sich von unbändiger Kraft erfüllt.

Sie nahm eine Schaufel und grub solange, bis sie auf die Truhe stieß. Sie löste die Ketten und holte das goldene Kästchen heraus. Es war kalt, schrecklich kalt; die Kälte verbrannte ihr die Hand bis auf die Knochen. Sie zitterte. Was in dem Kästchen war, erschien ihr jetzt als das Geheimnis des Lebens selbst; sie mußte es lüften oder sterben.

Aus ihrer Tunika holte sie den kleinen goldenen Schlüssel hervor, steckte ihn in das Schlüsselloch und hob vorsichtig den Deckel. Da gab es ein Schwärmen, ein heftiges Zittern, ein unbändiges kraftvolles Rauschen und einen ekelerregenden Gestank. Als sie das Kästchen ins Mondlicht hielt, schwärmten daraus kleine schuppige, eidechsenartige Geschöpfe mit Fledermausflügeln und glutroten Augen hervor.

Sie flogen aus dem Kästchen, umkreisten einmal Pandoras Kopf, schlugen mit den Flügeln und stießen kleine, dünne, höhnische Schreie aus – dann flogen sie zischend und schnatternd in die Nacht hinaus.

Da umklammerte Pandora, die halb ohnmächtig auf die Knie gesunken war, mit allerletzter Kraft das Kästchen und schlug den Deckel zu – und fing so das letzte kleine Ungeheuer, das sich gerade in die Freiheit hinauswinden wollte. Es kreischte und spuckte und krallte sich an ihrer

Hand fest, doch sie drängte es zurück in das Kästchen und schloß es darin ein. Dann ließ sie das Kästchen fallen und verlor die Besinnung.

Was aber hatte es mit jenen todbringenden Geschöpfen auf sich, die aus dem goldenen Kästchen herausgeflogen waren? Das waren all die Übel, die über die Menschheit hereinbrechen: Boshaftigkeit, Krankheit in all ihren Erscheinungsformen, Alter, Hunger, Wahnsinn und all ihre abscheulichen Vettern. Nachdem sie aus dem Kästchen herausgeflogen waren, zerstreuten sie sich – sie flogen in jedes Haus und hängten sich an die Dachbalken – und dort warten sie. Und wenn ihre Zeit kommt, fliegen sie los und stechen zu – und bringen Schmerz und Kummer und Tod.

Und doch hätte es noch viel schlimmer kommen können. Denn das Geschöpf, das Pandora wieder in das Kästchen eingesperrt hatte, war das gefährlichste von allen. Es war die Vorahnung, das schlimmste Übel. Hätte es sich befreien können, so wäre jedem Menschen auf der Welt genau vorhergesagt worden, welches Unglück an jedem Tag seines Lebens geschehen würde. Alle Hoffnung wäre auf immer zunichte geworden. Und das hätte das Ende der Menschheit bedeutet. Denn wenn der Mensch auch endlosen Kummer ertragen kann, so vermag er doch nicht ohne jede Hoffnung zu leben.

ORPHEUS

Sein Vater war ein thrakischer König, seine Mutter die Muse Kalliope. Eine Zeitlang lebte er mit seiner Mutter und seinen acht schönen Tanten auf dem Parnaß, und dort begegnete er Apollon, der der lachenden Muse Thalia den Hof machte. Apollon war sehr angetan von Orpheus. Er schenkte ihm eine kleine goldene Lyra und lehrte ihn, darauf zu spielen. Und seine Mutter lehrte ihn, Verse zu dichten, die er dazu singen konnte.

So wuchs er heran und wurde ein Dichter und ein Musiker, wie die Welt noch keinen gesehen hatte. Immer wieder überredeten ihn die Fischer, am frühen Morgen mit ihnen auf das Meer hinauszufahren und an Deck die Lyra zu spielen. Sie wußten, die Fische würden aus den Tiefen des Meeres heraufkommen, um ihn zu hören, sie würden auf ihren Schwänzen sitzen und ihm beim Spielen lauschen, und das würde es den Fischern erleichtern, sie zu fangen. Doch gefangen wurden sie nie, denn sobald Orpheus zu spielen anfing, vergaßen die Fischer ihre Netze und saßen an Deck und lauschten mit offenem Mund – genau wie die Fische. Und wenn er geendet hatte, tauchten die Fische in die Tiefe hinab, die Fischer kamen wieder zu sich, und alles war wie zuvor.

Wenn er auf den Feldern spielte, folgten ihm die Tiere – Schafe und Kühe und Ziegen. Und nicht nur die zahmen Tiere, sondern auch die wilden: das scheue Reh und die Wölfe und die Bären. Sie alle folgten ihm, strömten herbei, liefen hinter ihm her und lauschten. Wenn er sich setzte, bildeten sie einen Kreis um ihn und hörten ihm zu. Und weder Wölfe noch Bären dachten daran, die Schafe zu fressen, bis die Musik aufgehört hatte und es zu spät war. Und sie zogen von dannen und brummten vor Ärger vor sich hin, weil sie eine solche Gelegenheit hatten vorübergehen lassen.

Und je älter er wurde und je mehr er übte, desto wunderbarer spielte er, so daß nun nicht mehr nur die Tiere, sondern sogar die Bäume ihm überallhin folgten. Sie rissen sich selber aus der Erde und humpelten auf ihren verkrümmten Wurzeln hinter ihm her. In Thrakien gibt es heute noch Bäume, die im Kreis stehen und lauschen.

Natürlich folgten ihm auch Menschen, wenn er spielend und singend umherzog. Männer und Frauen, Jungen und Mädchen – vor allem Mädchen. Doch als die Zeit verging und die Gesichter wechselten, fiel ihm auf, daß eines immer da war. Jedesmal stand sie in der ersten Reihe und lauschte. Sie war nicht mehr zu übersehen, weil sie auch zwischen seinen anderen Zuhörern auftauchte, zwischen den Tieren und den Bäumen, die ihm lauschten. So wußte er schließlich, daß sie, wo immer er sich aufhalten, wo immer er seine Lyra spielen und zu einem Lied ansetzen mochte, ob seine Zuhörer Menschen waren oder Tiere oder Bäume oder Steine – daß sie da sein würde, zart und still, mit riesigen dunklen Augen und langem schwarzen Haar, mit einem Gesicht wie eine Rose.

Da nahm er sie eines Tages beiseite und sprach sie an. Sie hieß Eurydike. Sie sagte, sie wolle nichts weiter, als ständig in seiner Nähe sein, sie wisse, sie könne nicht erwarten, daß er ihre Liebe erwidere, doch das werde sie nicht daran hindern, ihm zu folgen und ihm auf jede nur denkbare Weise zu Diensten zu sein. Sie sei es zufrieden, seine Sklavin zu sein, wenn er es nur wolle.

Nun, so etwas hört jeder Mann, egal welchen Alters, ganz besonders aber ein Dichter gern. Und wenn auch Orpheus von vielen Frauen verehrt wurde und unter all diesen hätte wählen können, beschloß er doch, er müsse diese eine haben, sie,

die in so vielem noch wie ein Kind war, mit ihrer stockenden, murmelnden Stimme und den großen Augen einer Sklavin. Und so nahm er sie zur Frau.

Sie lebten glücklich, außerordentlich glücklich, ein Jahr und einen Tag. Sie lebten in einem kleinen Haus nahe am Fluß in einem Wäldchen, das ihr Heim dicht umschloß, und sie waren so glücklich, daß sie ihr Haus kaum je verließen. Allmählich begannen sich die Menschen zu fragen, warum denn Orpheus sich nie mehr sehen ließ, warum seine wunderbare Lyra nie mehr erklang. Sie fingen an, Gerüchte in die Welt zu setzen, wie das die Leute nun einmal tun. Manche sagten, Orpheus sei tot, vom eifersüchtigen Apollon getötet, weil er so wundervoll spiele. Andere sagten, er habe sich in eine Flußnymphe verliebt und sei ihr ins Wasser gefolgt. Nun lebe er auf dem Grund des Flusses und komme nur bei Morgengrauen an die Oberfläche, um auf dem Schilfrohr, das in dicken Büscheln am Ufer wuchs, seine Melodien zu spielen. Wieder andere sagten, er habe sich mit einer gefährlichen Frau verheiratet, er lebe mit einer Zauberin zusammen, die sich mit Hilfe ihres Zaubers ein so schönes Aussehen verliehen habe, daß er an sie gefesselt sei und sie nicht einmal einen Augenblick lang allein lassen könne.

Diesem letzten Gerücht schenkten die Menschen am meisten Glauben. Unter diesen war auch ein Reisender namens Aristaios, ein junger attischer König, Sohn des Apollon und der Nymphe Kyrene und ein ausgezeichneter Jäger. Aristaios beschloß, er müsse diese schöne Zauberin sehen. Er legte sich in dem kleinen Wäldchen auf die Lauer und beobachtete das Haus. Zwei Tage und zwei Nächte wartete er. Dann sah er endlich eine junge Frau herauskommen. Sie ging durch das Wäldchen und dann den Pfad hinunter zum Fluß. Er folgte ihr. Als er beim Fluß angelangt war, sah er, wie sie dastand und gerade im Begriff war, ihre Tunika abzulegen.

Wortlos stürmte er auf sie zu, brach wie ein wilder Eber durch das Schilf. Eurydike blickte auf und sah einen Fremden auf sich zurasen. Sie floh. Leichtfüßig lief sie über das Gras zu den Bäumen. Sie hörte, wie er keuchend hinter ihr herrannte. Plötzlich machte sie kehrt und lief zurück zum Fluß, ohne darauf zu achten, wohin sie ging, nur mit dem verzweifelten Wunsch zu entkommen. Und so trat sie mitten hinein in ein Nest zusammengerollter, schlafender Schlangen, die sofort erwachten und sie an so vielen Stellen ins Bein bissen, daß sie starb, noch ehe sie zu Boden sank. Und Aristaios, der herbeigelaufen kam, fand sie tot im Schilf.

Er ließ ihren Leichnam liegen, wo er ihn gefunden hatte. Dort lag er, bis Orpheus, der nach ihr suchte, in der Abenddämmerung kam und sie weiß schimmern sah wie eine umgestürzte Birke. Hermes war inzwischen dagewesen und hatte ihre Seele mit in den Tartaros genommen. Orpheus stand da und sah auf sie hinab. Er weinte nicht. Er berührte einmal, ganz in Gedanken, eine Saite seiner Lyra, und sie schluchzte auf. Doch nur ein einziges Mal – dann rührte er sie nicht wieder an. Immer noch sah er auf Eurydike hinab. Sie war bleich und dünn, ihr Haar in Unordnung, ihre Beine mit Schlamm bespritzt. Sie wirkte noch kindlicher als jemals zuvor. Er sah auf sie hinab und war unzufrieden mit der Art, wie sie dalag, so unzufrieden, wie wenn er in einen Vers ein falsches Wort gesetzt hatte. Es war etwas falsch an ihr, wie sie so dalag. Sie gehörte nicht zu den Toten. Er würde das in Ordnung bringen müssen. Jäh drehte er sich um und ging quer über die Felder davon.

Er wanderte zum nächstgelegenen Eingang des Tartaros, einem Durchgang im sogenannten Avernusgebirge, und schritt durch einen kalten, feinen Nebel, bis er an den Styx, den Fluß der Unterwelt, gelangte. Dort sah er die Schatten, die darauf warteten, mit der Fähre übergesetzt zu werden, doch Eurydike war nicht darunter. Sie mußte den Fluß schon überquert haben. Die Fähre kam zurück, die Planke wurde ausgelegt, und die Schatten gingen an Bord. Sie holten die Münze heraus, die sie unter der Zunge liegen hatten, um die Überfahrt zu bezahlen. Doch als auch Orpheus versuchte, das Schiff zu besteigen, wies Charon, der riesige, dunkelhäutige, finster dreinblickende Fährmann ihn ab.

»Tritt zurück!« rief er. »Nur die Toten fahren mit diesem Boot.«

Orpheus griff in die Lyra und begann zu singen: ein Flußlied, ein Schifferlied, über Ströme, die im Sonnenlicht dahinrauschen, und über Knaben, die aus Zweigen Boote flechten und später zu jungen Männern heranwachsen und mit Schiffen fahren; wie sie dann den Fluß hinabrudern und mit kräftigen jungen Armen in die Ruder greifen, wie das Wasser am Morgen duftet, wenn man noch jung ist, und welches Geräusch die eintauchenden Ruder machen.

Der lauschende Charon fühlte sich zurückversetzt in seine eigene Jugend – in die Zeit, bevor Hades ihn mit sich genommen und ihm die Arbeit an dem schwarzen Fluß zugewiesen hatte. Er war so in seine Erinnerungen versunken, daß das große Steuerruder seinen Händen entglitt, er stand nur ganz benommen da, und die Tränen strömten ihm übers Gesicht – und Orpheus nahm das Ruder auf und setzte über den Fluß.

Die Schatten gingen einer nach dem anderen von Bord und durchschritten die Tore des Tartaros. Orpheus folgte ihnen. Da hörte er ein entsetzliches Heulen. Ein riesiger Hund mit drei Köpfen, von denen einer häßlicher war als der andere, geiferte und fletschte die Zähne. Es war Kerberos, der dreiköpfige Höllenhund, der die Tore des Tartaros bewachte.

Orpheus nahm die Lyra zur Hand und spielte.

Er spielte ein Hundelied, ein Meutehundlied, ein Jagdlied. Darin erklang das schwache ferne Kläffen glücklicher junger Jagdhunde, die eine frische Spur finden – Hunde mit nur einem Kopf, der anmutig in der Mitte des Körpers sitzt, wo er hingehört, Hunde, die durch Licht und Schatten des Waldes laufen und Hirsche und Wölfe jagen, wie es Hunde tun sollen und die nicht gezwungen sind, auf ewig vor düsteren Toren zu stehen und Geister anzubellen.

Kerberos legte sich nieder und schloß seine sechs Augen, ließ seine drei Zungen heraushängen und schlief ein, um von den Tagen zu träumen, als er ein richtiger Hund gewesen war, ehe man ihn gefangen, verwandelt und zum Wachhund für die Toten abgerichtet hatte. Orpheus stieg über ihn hinweg und schritt durch die Tore.

Er wanderte durch die Asphodeloswiesen und spielte. Die Schatten brachten ihre Freude mit dünnem Piepsen zum Ausdruck, wie kichernde Fledermäuse. Sisyphos hörte auf, seinen Stein den Hügel hinaufzuwälzen, und sogar der Stein selbst blieb am Hang stehen, um zu lauschen, und rollte nicht zurück. Tantalos lauschte und hörte auf, den Kopf nach dem Wasser zu recken; die Musik stillte seinen Durst. Minos und Rhadamanthys

und Aiakos, die großen Totenrichter, hörten die Musik auf ihren erhöhten Sitzen und begannen von den alten Tagen auf Kreta zu träumen, als sie junge Fürsten gewesen waren, und sie träumten von den Schlachten zu Land und zu Wasser und den weißen Stieren und den schönen Mädchen und den funkelnden Schwertern und von allem, was vergangen war. Sie saßen da und lauschten, blind vor Tränen und taub gegenüber den Argumenten der streitenden Parteien.

Hades aber, der König der Unterwelt, der Herr über die Toten, mußte feststellen, daß seine große Gerichtsverhandlung unterbrochen war, und wartete finster auf seinem Thron, während Orpheus sich näherte.

»Keine billigen Sängerkunststückchen mehr«, rief er. »Ich bin ein Gott. Meinen Zorn kann man nicht besänftigen, meine Anordnungen nicht rückgängig machen. Niemand kommt in den Tartaros, ohne daß nach ihm geschickt wurde. Niemand hat das je getan, und niemand wird das je wieder tun, wenn erst die Geschichte von den Qualen, die du durch mich erleiden wirst, die Runde macht.«

Orpheus schlug die Lyra und sang ein Lied, das eine grüne Wiese heraufbeschwor und einen Hain und ein schlankes Mädchen, das Blumen bemalte, und all das Licht um ihren Kopf, das so klar war wie damals, als die Welt gerade erst begann. Er sang davon, daß das Mädchen einen so lieblichen Anblick bot, wie sie da mit den Blumen spielte, daß sich die Vögel hoch oben in den Lüften Geschichten über sie erzählten und auch die Maulwürfe tief unten in der Erde – bis diese Geschichten selbst in den düsteren Tartaros drangen, wo ein finsterer König sie hörte und sich mit eigenen Augen davon überzeugen wollte. Orpheus sang davon, wie jener König das Mädchen zum ersten Mal in einer Flut hellen Morgenlichts erblickte und was er fühlte beim Anblick dieses schlanken und ranken Kindes in seiner Tunika und den grünen Schuhen, das mit seinem Farbtopf inmitten der Blumen umherging; von dem Fieber, das sein Blut durchströmte, als er seinen starken Arm zum ersten Mal um ihre Taille legte und ihre Schreie mit seinen dunklen Lippen trank und ihre Tränen kostete; von dem Kummer, der über ihn hereinbrach, als er sie auf Geheiß des Zeus beinahe wieder an ihre Mutter verloren hätte; und von der Freude, die ihn erfüllte, als er erfuhr, daß sie von dem Granatapfel gegessen hatte.

Persephone saß Hades zur Seite. Sie begann zu weinen. Hades schaute sie an. Sie lehnte sich zu ihm herüber und flüsterte ihm schnell etwas ins Ohr. Der König wandte sich an Orpheus. Hades weinte nicht, doch nie zuvor hatte jemand ein solches Leuchten in seinen Augen gesehen.

»Deine Verse haben meine Königin gerührt«, sagte er. »Sprich. Wir sind bereit, dir zuzuhören. Was willst du von uns?«

»Meine Frau.«

»Was haben wir mit deiner Frau zu tun?«

»Sie ist hier. Sie wurde heute hierher gebracht. Sie heißt Eurydike. Ich möchte sie mit zurücknehmen.«

»So etwas hat es noch nie gegeben«, sagte Hades. »Ein verhängnisvoller Präzedenzfall.«

»Keineswegs, großer Hades«, entgegnete Orpheus. »Dieses eine Beispiel ungewöhnlicher Barmherzigkeit wird die Höhlen deines furchtbaren Ratschlusses wie ein leuchtender Blitzschlag erhellen. Die Natur lebt vom rechten Verhältnis, und Wahrnehmungen wirken durch den Kontrast, und auch die Götter selbst sind Teil der Natur. Dieser beispiellose Akt der Güte wird, so behaupte ich, auch grausame Entscheidungen bis ans Ende der Tage als gerecht erscheinen lassen. Ich bitte dich, großer Herrscher, gib mir meine Frau wieder zurück. Denn ohne sie werde ich nicht fortgehen – was für Qualen du dir auch immer ausdenkst.«

Er ließ die Lyra noch einmal erklingen, und die Eumeniden, die die Musik hörten, flogen mit ihren verkrümmten Flügeln herein, ihre metallenen Klauen klingelten wie Glöckchen, und sie blieben in der Luft über dem Thron des Hades stehen. Die schrecklichen alten Weiber gurrten wie Tauben und sagten: »Nur dies eine Mal, Hades. Gib sie ihm zurück. Laß sie gehen.«

Da erhob sich Hades und stand in seinem schwarzen Umhang hochaufgerichtet vor Orpheus. Er sah auf ihn herab und sagte: »Die Lorbeerkränze und die lautstarken Lobpreisungen muß ich meinem lichten Neffen Apollon überlassen. Doch auch ich, ja auch ich, der ich als grausam verrufen bin, lasse mich von solcher Beredsamkeit rühren. Besonders, wenn sie so überraschende Fürsprecher findet. So höre mich denn, Orpheus. Du sollst deine Frau zurückhaben. Sie wird in deine Obhut gegeben, und du selbst wirst sie vom

Tartaros ans Licht der Erde hinaufführen. Doch wenn du dich auf deinem Weg umdrehst, und sei es auch nur ein einziges Mal – wenn du, aus welchem Grund auch immer, deine Augen von dem vor dir liegenden Weg abwendest und dorthin zurückblickst, wo du herkommst –, werde ich meinen nachsichtigen Entschluß widerrufen, und Eurydike wird dir ein zweites Mal genommen werden, und zwar für immer. Nun geh…«

Orpheus verneigte sich, einmal vor Hades, einmal vor Persephone, hob dann den Kopf und verzog den Mund zu einem halben Lächeln in Richtung der schwebenden Furien, dreht sich um und ging fort. Hades gab ein Zeichen. Und als Orpheus über die Gefilde des Tartaros schritt, schloß sich Eurydike ihm an. Er sah sie nicht. Er glaubte, sie sei da, er war sicher, daß sie da war. Er glaubte, ihren Schritt zu hören, doch das schwarze Gras war sehr dicht; er konnte es nicht mit Sicherheit sagen. Er glaubte, ihren Atem wiederzuerkennen – dies schwache Nippen des Atems, das er so viele Nächte dicht an seinem Ohr gehört hatte; er glaubte, sie atmen zu hören, doch schon war die Luft wieder vom Heulen der Gemarterten erfüllt, und er war sich nicht mehr sicher.

Doch Hades hatte sein Wort gegeben; er mußte ihm glauben – und so sah er vor seinem inneren Auge das Mädchen hinter sich, das ihm folgte, während er voranging. Und er schritt fest aus, ging durch die Asphodeloswiesen auf die Tore des Tartaros zu. Die Tore öffneten sich, als er sich näherte. Kerberos schlief noch immer mitten auf dem Weg. Er stieg über ihn hinweg. Ganz sicher konnte er sie jetzt hören, wußte, daß sie hinter ihm ging.

Doch er durfte sich nicht umdrehen, um sich davon zu überzeugen, und er war sich nicht ganz sicher wegen des Geschreis der Geier, die über dem Styx in der Luft hingen wie Möwen über einer Bucht. Dann, auf der Landeplanke, hörte er hinter sich einen Schritt, ganz bestimmt ... Warum, ach warum, trat sie nur so sacht auf? Er hatte das immer an ihr geliebt, doch jetzt wünschte er, sie träte fester auf.

Er stellte sich am Bug des Bootes auf und blickte unverwandt geradeaus, biß die Zähne aufeinander und spannte den Nacken an, bis sein ganzer Hals ein einziger dicker Muskelstrang war, so daß er seinen Kopf nicht drehen konnte. Auf der gegenüberliegenden Seite, wo das Avernusgebirge anstieg, war die Luft erfüllt vom Tosen der großen Wasserfälle, die abgrundtief in den Styx stürzten, und wieder konnte er ihre Schritte nicht hören, und wieder konnte er ihren Atem nicht hören. Doch er behielt ihr Bild vor seinem geistigen Auge, und so konnte er sehen, wie sie hinter ihm herging, wie sich ihr Gesicht vor Aufregung mehr und mehr belebte, als sie sich der Welt der Lebenden näherte. Dann endlich sah er eine Klinge aus Licht das Dunkel durchtrennen, und er wußte, daß es die Sonne war, die durch die enge, tiefe Spalte, den Durchgang des Avernus, fiel und daß er Eurydike zur Erde zurückgebracht hatte.

Doch war das wirklich so? Wie konnte er wissen, daß sie tatsächlich da war? Wie konnte er wissen, daß nicht alles nur ein Trick des Hades war? Wer sitzt über die Götter zu Gericht? Wer klagt sie an, wenn sie lügen? War es möglich, daß Hades, der unerbittliche Hades, der den großen Äskulap töten ließ, weil der einen Patienten dem Tod entrissen hatte, war es möglich, daß dieser starke, stets verneinende Geist, der das Gebiet des Tartaros und die Riegel jener mächtigen Tore ersonnen und sich einen dreiköpfigen Hund ausgedacht hatte – war es möglich, daß ein solcher Geist wirklich durch ein paar Töne, ein paar Tränen milde gestimmt wurde? War es möglich, daß er, der das Wasser von dem dürstenden Tantalos zurückweichen ließ und mit dem Stein des Sisyphos spielte, indem er ihn ständig vor- und wieder zurückrollen ließ – war es möglich, daß dieser Wille, dieser schwarze, auf ewig erstarrte Zorn, diese entsetzliche Vorstellungskraft, nachgeben sollte und ein Mädchen zu seinem Ehemann zurückkehren ließ, nur weil der Ehemann darum gebeten hatte? War wirklich sie es gewesen, die ihm durch die Asphodeloswiesen, über die Pfade des Tartaros, durch die Tore und über den Fluß gefolgt war? War wirklich sie es gewesen oder nur das Echo seiner eigenen Vorstellungskraft – dieser betrügerischen Vorstellungskraft des Trauernden, die scheinbar freundlich, aber dann doch grausam das Gesicht und die Stimme des geliebten Menschen heraufbeschwor, nur um sie dann wie Rauch in alle Winde zu zerstreuen? War es das gewesen? War dies die letzte Grausamkeit? War dies die Qual, die Hades ihm angekündigt hatte? War dies der letzte ironische Schlag mit dem Zepter des Todes, das mit besonderer Vorliebe die Dichter traf? War er ohne sie zurückgekommen? War alles umsonst gewesen? Oder war sie da? War sie tatsächlich da?

Schnell drehte er sich um und schaute zurück. Sie war da. Sie war es wirklich. Er streckte die Hand aus, um nach ihr zu greifen und sie ins Licht zu ziehen – doch ihre Hand verwandelte sich in Rauch. Ihr Arm verwandelte sich in Rauch. Ihr Körper wurde zu feinem Nebel, einem dünnen Nebelstreif. Und das Gesicht schmolz. Das letzte, was er noch sah, war der Mund mit seinem Lächeln, das ihn begrüßen wollte. Dann schmolz auch er. Der helle Dampf verflüchtigte sich in dem frischen Luftzug, der durch den tiefen Spalt in der Erde von der Oberwelt hereinwehte.

ECHO UND NARZISS

Von all den Nymphen der Flüsse, der Wälder und der Berge war eine Oreade namens Echo die meistgeliebte. Sie war nicht nur wunderschön und herzensgut, sondern hatte auch eine bezaubernde Singstimme. Die anderen Dryaden und Najaden und Geschöpfe des Waldes baten sie oft, für sie zu singen und ihnen eine Geschichte zu erzählen – was sie auch tat. Sie war ein besonderer Liebling von Aphrodite, die immer wieder den ganzen Weg vom Olymp herunterkam, um mit Echo zu plaudern und ihren Geschichten zuzuhören. Als Göttin der Liebe war sie ganz besonders interessiert an Klatschgeschichten, in denen es sich ja meistens darum dreht, daß einer einen anderen liebt und wer dieser andere ist und was die beiden tun. Und Echo unterhielt sie mit solchen Geschichten, wie niemand sonst das konnte.

Aphrodite sagte: »Jeder bittet mich darum, ihm eine Gunst zu erweisen. Nur du nicht, Echo. Sag mir, gibt es nicht jemanden, von dem du geliebt werden möchtest? Irgendein Mann, ein Knabe oder ein Gott? Nenn mir nur seinen Namen, und ich werde meinen Sohn Eros zu ihm schicken. Der wird ihn mit einem seiner Pfeile durchbohren und ihn dazu bringen, sich wahnsinnig in dich zu verlieben.«

Doch Echo lachte und antwortete: »Ach, holde Aphrodite, ich habe noch keinen Mann getroffen, der mir gefällt. Und die Götter sind zu wankelmütig. Männer und Knaben – ich sehe sie mir alle sehr genau an –, doch keiner erscheint mir schön genug, um meinen geheimen Vorstellungen zu genügen. Wenn die Zeit kommt, werde ich dich um Hilfe bitten – wenn sie überhaupt jemals kommt.«

»Nun, dein Liebreiz berechtigt dich, nur das Beste zu verlangen«, entgegnete Aphrodite. »Doch andererseits – das Beste begegnet einem im Leben nur einmal. Und wer kann schon so lange warten? Wie auch immer, ich stehe dir jederzeit zur Verfügung.«

Nun wußte es Echo zwar nicht, doch genau in diesem Augenblick verirrte sich der schönste Knabe von der ganzen Welt in eben diesem Wald und versuchte wieder hinauszufinden. Er hieß Narziß, und er war so schön, daß er noch nie die Gelegenheit gehabt hatte, mit einer anderen Frau als mit seiner Mutter zu sprechen. Denn jedes Mädchen, das ihn sah, verlor sofort die Besinnung. Natürlich hatte er deshalb auch eine sehr hohe Meinung von sich. Und als er so durch den Wald ging, dachte er:

»Ach, wie herrlich wäre es, wenn ich nur jemanden finden könnte, der genauso schön ist wie ich. Ich werde niemanden als Freund oder Freundin akzeptieren, der weniger vollkommen ist an Gesicht und Gestalt. Warum sollte ich auch? Auf diese Weise bin ich zwar einsam, aber das ist immer noch besser, als mich zu erniedrigen.«

So wanderte er den Pfad entlang, doch er ging in der falschen Richtung und kam mehr und mehr vom Weg ab. Am anderen Ende des Waldes hatte Echo gerade zu Aphrodite Lebewohl gesagt und war unterwegs zu dem hohlen Baum, in dem sie wohnte. Sie kam zu einer Waldlichtung und sah dort etwas, das sie verwundert innehalten und sich hinter einem Baum verstecken ließ. Denn der, den sie sah, war niemand anderer als Zeus selbst – der König der Götter, der Herr

des Himmels. Er hatte sich an seinen lichtblauen Donnerkeil gelehnt und eine Flußnymphe um die Schulter gefaßt, die zu ihm emporlächelte.

»Sieh mal an«, sagte Echo. »Er ist schon wieder bei seiner Lieblingsbeschäftigung. Aphrodite wird sich freuen, wenn sie davon hört!«

Doch dann wurde ihre Aufmerksamkeit von etwas anderem in Anspruch genommen. Sie drehte sich um und sah eine hochgewachsene Gestalt in einem purpurnen Gewand, die durch die Bäume auf die Lichtung zukam. Sie erkannte Hera, die Königin der Götter, die eifersüchtige Gemahlin des Zeus, und sie begriff, daß Hera vom Treiben des Zeus erfahren haben mußte und nun gekommen war, um ihn auf frischer Tat zu ertappen. Also eilte die herzensgute Nymphe auf Hera zu, verneigte sich tief vor ihr und sagte: »Sei gegrüßt, edle Königin. Ich heiße dich willkommen in diesem Wald.«

»Still, du Närrin!« flüsterte Hera. »Kein Wort! Ich will jemanden überraschen.«

»Dies ist ein bedeutender Tag für uns«, sagte Echo und überlegte blitzschnell, »da wir von so vielen Göttern Besuch erhalten. Gerade vor zwei Minuten war Zeus hier und hat nach dir gesucht.«

»Zeus? Und er hat nach *mir* gesucht? Bist du sicher?«

»Der erhabene Zeus. Dein Gemahl. Er hat mich

gefragt, ob ich dich gesehen hätte. Er habe gehört, du seist auf dem Weg hierher, und er wolle
dich gern treffen. Als ich ihm antwortete, ich hätte
dich nicht gesehen, stürzte er sehr enttäuscht davon.«

»Wirklich? Ist das denn die Möglichkeit? Zeus sucht nach mir? Enttäuscht war er? Nun – es geschehen noch Zeichen und Wunder. Wohin ist er gegangen?«

»Ach – zurück zum Olymp.«

»Vielen Dank, mein Kind«, sagte Hera. »So werde auch ich dorthin gehen.«

Und sie verschwand.

In der Zwischenzeit hatte sich Zeus, da er Stimmen gehört hatte, zusammen mit der Nymphe im Unterholz versteckt. Als Hera gegangen war, kam er hervor, und zum Dank schenkte er Echo einen Ring mit einem leuchtend blauen Saphir, den er selbst am Finger getragen hatte.

Als Hera auf den Olymp zurückkehrte, stellte sie fest, daß Zeus nicht dort war. Sie merkte, daß etwas nicht stimmte und eilte zurück in den Wald. Das erste, was sie zu Gesicht bekam, war Echo, die einen großen Saphirring bewunderte, der auf ihrem Finger leuchtete wie ein vom Himmel gefallener Stern. Hera erkannte den Ring und wußte sogleich, daß die Nymphe sie irgendwie hinters Licht geführt und dafür den Ring als Belohnung erhalten hatte.

»Elendes Geschöpf!« rief sie. »Ich weiß, was du getan hast. Und ich sehe, was für ein Geschenk du dafür bekommen hast. Ich habe es nicht gern, wenn man sagt, mein Gemahl sei großzügiger als ich. So will also auch ich dich für deine Tat belohnen. Weil du deine Stimme benutzt hast, um zu lügen, sollst du niemals mehr zu jemandem etwas sagen dürfen – mit Ausnahme der letzten Wörter, die man zu dir gesagt hat. Da wird dir das Lügen vergehen.«

»Das Lügen vergehen«, sagte Echo.

»Niemals mehr sollst du dich in höhere Belange einmischen, niemals mehr sollst du Klatsch verbreiten und Geschichten erzählen und Lieder singen, sondern diese Strafe erdulden, bis in alle Ewigkeit…«

»In alle Ewigkeit…«, sagte Echo schluchzend.

Hera ging fort, um Zeus zu suchen. Und die Nymphe eilte weinend nach Hause, zu ihrem hohlen Baum. Während sie noch ging, sah sie wieder die blendende Helligkeit, die nur das Gesicht eines Gottes sein konnte, und sie blieb stehen, um zu schauen. Es war kein Gott, sondern ein Knabe in ihrem Alter mit flachsblondem Haar und Augen von der Farbe des Saphirs, den Zeus ihr gegeben hatte. Als sie ihn sah, schwand aller Kummer über ihre Bestrafung, und sie war erfüllt von großer strahlender Freude. Denn das war der Knabe, nach dem sie ihr ganzes Leben lang gesucht hatte, so schön wie ihre geheimsten Wünsche – ein Knabe, den sie lieben konnte.

Sie tänzelte zu ihm hin. Er hielt inne und sagte:

»Verzeih, aber kannst du mir vielleicht den Weg zeigen, den Weg aus diesem Wald?«

»Aus diesem Wald...«, sagte Echo.

»Ja«, sagte er. »Ich habe mich verirrt. Schon seit Stunden wandere ich hier herum und kann den Weg nicht finden, den Weg aus diesem Wald.«

»Aus diesem Wald...«

»Ja. Das habe ich doch schon zweimal gesagt. Ich habe mich verirrt. Kannst du mir nicht den Weg zeigen?«

»Den Weg zeigen...«

»Bist du taub, oder was? Warum muß ich alles zweimal sagen?«

»Zweimal sagen...«

»Nein, jetzt reicht es aber! Du bist ganz schön langweilig! Jetzt habe ich aber genug!«

»Aber genug...«

»Also wirklich, ich kann doch nicht die ganze Zeit hier stehen und mit dir streiten. Wenn du mir den Weg nicht zeigen willst, na, dann werde ich eben jemand anderes finden, der bereit dazu ist.«

»Bereit dazu ist...«

Narziß warf ihr einen wütenden Blick zu und wandte sich dann ab. Doch sie kam auf ihn zu und schlang ihre Arme um ihn und versuchte, sein Gesicht zu küssen.

»O nein – hör sofort auf damit!« sagte Narziß und schob sie beiseite. »Du bist genau wie alle anderen, stimmt's? Die einen fallen in Ohnmacht, und du redest dummes Zeug. Hör auf damit! Du kannst mich doch nicht einfach küssen.«

»Einfach küssen...«
»Nein!«
»Nein...«
Und wieder versuchte sie, ihn zu küssen. Wieder stieß er sie weg. Sie fiel auf die Knie und um- schlang seine Beine, hob ihr liebliches, tränen- benetztes Gesicht zu ihm empor und versuchte zu sprechen. Doch sie konnte es nicht.

»Nein!« sagte er. »Laß los. Du kannst mich doch nicht einfach festhalten. Ich werde dich niemals lieben.«

»Niemals lieben...«

Er machte sich von ihrer Umklammerung frei und ging raschen Schrittes fort. »Lebewohl«, rief er.

»Lebewohl...«

Sie schaute ihm hinterher, bis er verschwunden war. Und kaum war er gegangen, empfand sie eine solche Traurigkeit, einen so schrecklichen, heftigen Kummer, einen solchen Schmerz in ihrem ganzen Körper, daß es ihr war, als würde sie von weißglühenden kleinen Zangen auseinandergerissen, als würde ihr ein Stück Fleisch nach dem anderen von den Knochen gerissen. Und weil sie nicht sprechen konnte, betete sie leise für sich:

»Ach, Aphrodite, edle Göttin, du hast doch versprochen, mir eine Gunst zu erweisen. Erweise sie mir jetzt. Erhöre mich, auch wenn ich stumm bin. Mein Geliebter ist verschwunden, und auch ich muß verschwinden, denn ich kann diesen Schmerz nicht ertragen.«

Und Aphrodite hörte dieses Gebet im Garten des Olymp – denn Gebete muß man nicht laut sprechen, damit sie erhört werden. Sie sah hinab auf die sich grämende Nymphe und hatte Mitleid mit ihr und ließ sie verschwinden. Ihr Körper zerschmolz zu dünner, kühler Luft, so daß der Schmerz auf einmal fort war. Alles war fort … mit Ausnahme ihrer Stimme, denn Aphrodite mochte keinesfalls auf den Klang dieser lieblichen, Geschichten erzählenden Stimme verzichten. Die Göttin sprach: »Ich erfülle dir deinen Wunsch – und gewähre dir noch etwas darüber hinaus. Du wolltest keine Rache üben an dem Geliebten, der dich verraten hat. Dazu bist du zu sanft und zu gütig. Ich aber werde Rache üben. Hiermit verfüge ich: Wer auch immer dir diesen Schmerz zugefügt hat, soll dieselbe schreckliche Sehnsucht erleiden. Er wird sich in jemanden verlieben, der seine Liebe nicht erwidern kann: er wird auf ewig begehren und niemals Erfüllung finden.«

Narziß wußte von all dem nichts – weder von Echos Kummer noch von Aphrodites Schwur. Er wanderte den Waldweg entlang und dachte: »All diese Mädchen, die sich auf den ersten Blick in mich verlieben – zu schade, daß ich keine einzige so schön finden kann wie mich selbst. Und solange ich das nicht kann, werde ich nicht lieben. All ihre Liebe ärgert mich nur.«

Er setzte sich an das Ufer eines Flusses, um sich auszuruhen. Es war nicht wirklich ein Fluß, nur ein Flußarm – ein klarer kleiner Wasserlauf, der zwischen den Felsen dahinfloß. Die Sonne schien auf ihn herab; seine Oberfläche wurde zu einem

Spiegel, der die Bäume und den Himmel und eine kleine silbrige, zitternde Sonne verkehrt herum wiedergab. Und Narziß, der ins Wasser blickte, sah ein Gesicht.

Er blinzelte und schaute noch einmal hin. Es war immer noch da – das schönste Gesicht, das er je gesehen hatte. Genauso schön, das wußte er, wie sein eigenes, nur war es zusätzlich noch von einem Kranz aus Licht umgeben, so daß das Haar verschwamm und lang aussah – wie das Haar eines Mädchens. Er schaute und schaute und konnte sich nicht satt daran sehen. Er wußte, daß er dieses Gesicht immer und ewig anschauen könnte und doch nie Erfüllung finden würde. Er streckte die Hand aus, um das Mädchen zu berühren. Das Wasser zitterte, und sie verschwand.

»Eine Wassernymphe«, dachte er. »Eine liebliche Najade – ganz bestimmt die Tochter eines Flußgottes. Die lieblichste seiner Töchter. Sie ist scheu. Genau wie ich erträgt sie es nicht, daß man sie berührt. Ah – da ist sie ja wieder.«

Das Gesicht blickte ihn aus dem Wasser heraus an. Wieder streckte er ganz zaghaft seine Hand aus. Und wieder zitterte das Wasser, und das Gesicht verschwand.

»Ich werde solange hier bleiben, bis sie mich liebt«, sagte er zu sich. »Jetzt mag sie sich noch verstecken, doch bald wird auch sie mich erkennen und herauskommen.« Und laut sagte er: »Komm heraus, liebliches Wesen.«

Und Echos Stimme, die ihm bis zu dem Wasserlauf gefolgt war, sagte: »Liebliches Wesen...«

»Hört doch, hört doch nur!« rief Narziß überglücklich. »Sie macht sich etwas aus mir. Das tust du doch, nicht? Sag, liebst du mich?«

»Liebst du mich...«

»O ja – ich liebe dich. Endlich habe ich jemanden gefunden, den ich lieben kann. Komm heraus, komm heraus – ja, willst du denn niemals herauskommen?«

»Niemals herauskommen...«, sagte Echo.

»Sag das nicht, bitte sag das nicht. Ich werde nämlich hierbleiben, bis du doch herauskommst. Ich schwöre es.«

»Ich schwöre es...«

»Deine Stimme ist genauso wunderschön wie dein Gesicht. Und ich werde hier bleiben und dich anbeten – für immer.«

»Für immer...«

Und Narziß blieb dort, beugte sich über den Wasserlauf und schaute auf das Gesicht im Wasser, er schaute und schaute ... manchmal bat er es inständig, doch herauszukommen, und hörte die Stimme antworten. Er schmeichelte, er flehte, er schaute ... Tag um Tag blieb er dort, Nacht um Nacht, nie rührte er sich, nie aß er etwas, nie wandte er den Blick von dem Gesicht. Er blieb so lange dort, daß seine Beine in das Flußufer hineinwuchsen und Wurzeln schlugen. Sein Haar wurde länger, verfilzte sich, wurde zu Blättern. Und sein bleiches Gesicht und sein flachsblondes Haar verwandelten sich in zarte gelbe und weiße Blütenblätter – in die Blume, die wir Narzisse nennen, die am Flußufer gedeiht und den Kopf neigt, um ihr Spiegelbild im Wasser zu betrachten.

Dort kann man sie bis zum heutigen Tag finden. Und in den Wäldern, wenn es ganz ruhig ist, trifft man zuweilen auf Echo. Und wenn man sie auf eine bestimmte Weise ruft, wird sie antworten.

EROS UND PSYCHE

Es lebte einmal ein König, der hatte drei Töchter, und die jüngste, Psyche genannt, war so schön, daß Aphrodite eifersüchtig wurde und auf Unheil sann.

»Ich werde es dieser kleinen eingebildeten Person schon zeigen«, sagte sie zu sich. »Wie kann sie sich erdreisten, so zu tun, als sei sie so schön wie ich? Wenn ich sie mir vornehme, wird sie sich wünschen, sie wäre so häßlich wie eine Kröte zur Welt gekommen.«

Sie rief ihren Sohn Eros zu sich und sagte: »Mein Sohn, man hat deine Mutter beleidigt. Siehst du die Burg da unten? Dort liegt in einem Frauengemach ein junges Mädchen und schläft. Du sollst hingehen und sie mit einem deiner Pfeile durchbohren.«

»Während sie schläft? Wozu soll das gut sein?«

»Zu gar nichts. Es ist etwas Schlechtes, und genau das habe ich für sie im Sinn.«

»Aber sie kann sich doch nur verlieben, wenn sie jemanden anschaut, während der Pfeil sie durchbohrt. Warum soll ich mir also die Mühe machen, solange sie schläft?«

»Weil sie, wenn du sie mit deinem Pfeil im Schlaf triffst, dem ersten, den sie beim Erwachen sieht, voller Leidenschaft verfallen wird. Und ich werde Sorge tragen, daß dieser erste Jemand ein ganz besonderer sein wird – der Burgzwerg vielleicht. Oder der Gärtner, der gerade seinen einhundertundzweiten Geburtstag gefeiert hat. Oder ein Esel – ja, auch das ist möglich. Ich habe mich noch nicht entschieden. Aber du kannst sicher sein, ich werde jemanden finden, der ganz und gar nicht begehrenswert ist. Ihre Familie wird überrascht sein.«

»Das ist eine grausame List, Mutter.«

»O ja – sie soll auch grausam sein. Ich sage dir, dieses Mädchen hat mich erzürnt. Und jetzt fort mit dir, an die Arbeit.«

Gehorsam flog Eros hinab zu der Burg. Er machte sich unsichtbar und flog durch das Fenster in die Kammer des Mädchens. Dort stand er und betrachtete sie.

»Sie ist wunderschön«, dachte er. »Viel schöner, als ihr guttut, armes Mädchen.«

Er beugte sich über sie und hielt seinen Pfeil so, daß er nur sanft ihre Schulter ritzen sollte. Doch er

mußte wohl ein Geräusch gemacht haben, denn
da öffnete sie die Augen und blickte geradewegs in
die seinen, obwohl sie ihn ja nicht sehen konnte.
Ihre riesigen schwarzen, leuchtenden Augen ver-
wirrten ihn, so daß der Pfeil abglitt und er sich
selbst an der Hand verletzte. Er stand da und spürte, wie sich das süße Gift in seinen Adern ausbreitete. Er war ganz durcheinander, ihm war seltsam
zumute, und es wurde ihm schwindlig vor Freude.

Er hatte Liebe gesät, doch niemals welche empfunden; er hatte andere mit Pfeilen durchbohrt und war selbst nie verwundet worden. Auf einmal kam er sich selber ganz fremd vor.

Das Mädchen schloß die Augen und schlief wieder ein. Er stand da und betrachtete sie. Plötzlich war sie für ihn das schönste, das seltsamste, das wertvollste Wesen auf der Welt geworden. Und er wußte, er würde niemals zulassen, daß ihr ein Leid geschah, wenn er es verhindern konnte. Er stieß seinen Pfeil in den Köcher und flog wieder zum Olymp hinauf.

Als er seiner Mutter berichtete, was geschehen war, bekam sie einen Wutanfall und hieß ihn, ihr aus den Augen zu gehen. Und dann belegte sie Psyche mit einem Fluch. Sie umgab sie mit einer unsichtbaren Dornenhecke, so daß kein Freier in ihre Nähe gelangen konnte. Da wurde die schöne junge Fürstentochter sehr einsam und sehr traurig. Ihr Vater und ihre Mutter konnten nicht verstehen, warum niemand um ihre Hand anhielt.

Nun streiten die Götter zwar oft miteinander, doch nie zuvor hatte der Olymp solche Zwietracht erlebt wie jetzt zwischen Aphrodite und ihrem Sohn.

»Wie kannst du es wagen, das Mädchen so zu quälen?« fragte er seine Mutter. »Solange du diesen Zauberspruch nicht von ihr nimmst, werde ich dir in Liebesangelegenheiten nicht mehr zu Diensten sein. Ich werde niemanden mit meinen Pfeilen durchbohren. Niemand wird mehr dein Loblied singen. Und ohne Lob wirst du vertrocknen und eine bösartige alte Harpyie werden. Lebewohl.«

Und tatsächlich weigerte sich Eros, seine Pfeile zu verschießen. Die Menschen verliebten sich nicht mehr. Es wurden keine Loblieder mehr auf Aphrodite gesungen; ihre Tempel standen leer, ihre Altäre blieben ungeschmückt. Keine Hochzeiten kamen zustande, keine Kinder wurden geboren. Die Welt schien an einem einzigen Tag alt und grau zu werden. Ohne Liebe gedieh auch die Arbeit nicht. Die Bauern bestellten ihre Felder nicht mehr. Die Schiffe schlingerten lustlos über die Meere. Die Fischer warfen nur noch selten ihre Netze aus. Und in der Tat gab es auch nicht mehr viele Fische, die man fangen konnte, denn mürrisch waren sie auf den tiefsten Meeresgrund gesunken. Und Aphrodite selbst, die Göttin der Liebe und der Schönheit, verzehrte sich in der großen, brennenden Verzweiflung, die wie ein Wüstenwind von der Erde heraufwehte.

Sie rief ihren Sohn zu sich und sagte: »Ich sehe ein, ich muß dir deinen Willen lassen. Was willst du also?«

»Das Mädchen«, antwortete er.

»Du sollst sie haben. Spitze deine Pfeile und geh an die Arbeit, oder wir werden alle noch verrückt vor Traurigkeit.«

So füllte also Eros seinen Köcher mit Pfeilen, stellte sich auf eine niedrige Wolke und schoß, so schnell er konnte. Und Mann und Frau fingen wieder an, sich füreinander zu interessieren. Die Fische hüpften in der See. Die Hengste wieherten kraftvoll auf den Weiden. Die Geräusche des ausgelassenen Treibens auf der Erde drangen zu der Göttin auf dem Berg, und sie lächelte.

Doch Psyches Eltern waren immer noch bekümmert. Denn obwohl die ganze Welt nun die Wiederkehr der Liebe feierte und sich auch Leute miteinander verheirateten, von denen man das nie erwartet hätte, hielt immer noch niemand um die Hand ihrer Tochter an. Sie befragten das Orakel, und der Spruch lautete:

»Psyche ist für keinen Sterblichen bestimmt.

Sie wird die Braut desjenigen, der auf dem Berg
lebt und sowohl Menschen als auch Götter be-
siegt. Bringt sie zu dem Berg und sagt ihr Lebewohl.«

Der König und die Königin faßten das so auf, als sei ihre Tochter einem Ungeheuer bestimmt, das sie verschlingen würde, wie so viele andere Fürstentöchter verschlungen worden waren, um die geheimnisvollen Kräfte des Bösen zu besänftigen. Sie legten ihr ein Hochzeitsgewand an, schmückten sie mit Juwelen und führten sie zu dem Berg. Der ganze Hofstaat folgte ihnen trauernd, so als sei es ein Begräbnis und keine Hochzeit.

Psyche selbst weinte nicht. Sie hatte einen merkwürdigen, verträumten Gesichtsausdruck. Sie schien kaum wahrzunehmen, was mit ihr vorging. Mit keinem Wort verriet sie ein Gefühl der Angst. Sie weinte keine Träne, sondern küßte Vater und Mutter zum Abschied und wartete auf dem Berg. Dort stand sie aufrecht und still, die Arme voller Blumen, ihr weißes Hochzeitskleid flatterte im Wind. Die Hochzeitsgesellschaft kehrte zur Burg zurück. Der letzte Klang ihrer Stimmen verlor sich. Psyche stand da und lauschte auf das große Schweigen. Der Wind blies sehr heftig. Ihr Haar löste sich. Das Kleid flatterte um ihren Körper wie eine Fahne. Sie fühlte einen großen Druck auf sich lasten und verstand nicht, was das bedeutete. Dann erhob sich ein gewaltiges, atemgleiches Murmeln, und der Wind selbst, der in ihr Ohr säuselte, schien ihr zu sagen: »Fürchte dich nicht. Ich bin Zephyr, der Westwind, der

Bote des Bräutigams. Ich bin gekommen, um dich nach Hause zu geleiten.«

Sie horchte auf das sanfte Säuseln und glaubte den Worten, die sie zu hören vermeinte, und hatte keine Angst, wenn sie auch spürte, wie sie vom Berg emporgehoben und gleich einem Blatt durch die Lüfte getragen wurde. Sie sah die Burg ihrer Eltern unter sich vorüberziehen und dachte:

»Wenn sie aufschauen und mich jetzt sehen, werden sie denken, ich sei eine Möwe.« Und sie war froh, daß niemand sie erkennen würde.

Über niedrige Hügel und eine breite Bucht, über Wälder und Felder und eine weitere Hügelkette hinweg trug sie der Wind. Und dann spürte sie, wie sie jäh durch die Luft hinabsegelte, durch das schwächer werdende Licht, durch die purpurnen Schwaden der Dämmerung zu einer anderen Burg, die silbrig auf einer Hügelspitze glänzte. Sacht, ganz sacht wurde sie im Burghof abgesetzt. Nichts und niemand war dort zu sehen. Es gab keine Wachen, keine Hunde, nur Schatten und die mondhellen Steine der Burg. Sie sah niemanden. Doch die großen Tore öffneten sich. Ein Teppich rollte sich von selbst vor ihren Füßen aus. Sie schritt darüber und ging durch die Tore, die sich hinter ihr wieder schlossen.

Eine Fackel brannte in der Luft und schwebte vor ihr her. Sie folgte dem Licht. Es führte sie durch eine große Eingangshalle in einen kleineren Raum. Die Fackel wirbelte herum. Drei andere Fackeln gesellten sich wirbelnd dazu, steckten sich dann von selbst in Wandhalterungen, brannten dort weiter und erleuchteten den Raum. Es war ein nicht sehr großer, wunderschön eingerichteter Raum. Sie trat auf die Terrasse, von der aus man über das Tal hinweg auf die mondbeschienene See sah.

Ein Tisch schwebte in den Raum und stellte sich fest auf seine drei Beine. Ein Stuhl setzte sich an

den Tisch. Unsichtbare Hände begannen, den Tisch mit goldenem Geschirr und Kristallpokalen in Muschelform zu decken. Auf den Tellern lag plötzlich etwas zu essen, und die Pokale füllten sich mit purpurrotem Wein.

»Warum kann ich euch nicht sehen«, rief sie den unsichtbaren Dienern zu.

Eine höfliche Stimme antwortete: »Es wurde so angeordnet.«

»Und mein Gemahl. Wo ist er?«

»Weit fort, auf Reisen. Doch er wird bald kommen. Aber mehr darf ich nicht sagen.«

Nach ihrer stürmischen Fahrt durch die Lüfte hatte sie großen Hunger. Sie aß die ihr vorgesetzten Speisen und trank den Wein. Danach führte die Fackel sie hinaus und in einen anderen Raum, der ganz von einem großen Becken mit warmem, duftendem Wasser eingenommen war. Sie badete. Flauschige Handtücher wurden ihr gereicht, ein juwelenbesetzter Kamm und ein Flakon voll parfümierten Öls. Sie rieb sich damit ein, ging in ihr Zimmer zurück und wartete auf ihren Gemahl.

Bald darauf hörte sie eine Stimme im Raum. Es war eine kräftige Stimme, die sanft zu ihr sprach, so sanft, daß die Worte ihr wie ihre eigenen Gedanken erschienen.

»Du bist Psyche. Ich bin dein Gemahl. Du bist das schönste Mädchen auf der ganzen Welt, schön genug, um selbst die Göttin der Liebe eifersüchtig zu machen.«

Sie konnte niemanden sehen. Sie spürte, wie die Stimme summend auf sie eindrang, so als befände sie sich im Innern einer großen Glocke.

»Wo bist du?«

»Hier.«

Sie streckte die Arme aus. Sie fühlte kraftvolle Schultern, hart wie Marmor und doch von warmem Leben durchpulst. Sie spürte, wie sie von starken, muskulösen Armen umfaßt wurde. Und eine Stimme sagte: »Willkommen daheim.«

Ein Glückstaumel vernebelte ihr die Sinne. Die Fackeln erloschen eine nach der anderen.

Als sie am nächsten Morgen erwachte, war sie allein. Doch sie war so glücklich, daß es ihr nichts ausmachte. Sie tanzte von Zimmer zu Zimmer, erkundete die ganze Burg und sang dabei. So voller Glück war ihr Gesang, daß das große steinerne Gebäude vom Klang der Freude widerhallte. Sie erkundete die ganze Burg, den Burghof und die nahegelegenen Wälder. Dabei traf sie nur ein einziges Lebewesen, einen silberglänzenden Windhund, possierlich wie ein Eichhörnchen und voller Ungestüm wie ein Panther. Sie wußte, er gehörte ihr. Er streifte mit ihr durch die Wälder und zeigte ihr, wie er das Wild aufspüren konnte. Sie lachte vor Freude, als sie ihn so laufen sah.

Als der Tag sich neigte, kehrte sie in die Burg zurück. Ihr Essen wurde ihr von denselben unsichtbaren Dienern serviert. Wieder badete sie und rieb sich mit dem Öl ein. Um Mitternacht sprach wieder ihr Gemahl zu ihr, und sie umarmte ihn und fragte sich, wieso von allen Mädchen auf der Welt ausgerechnet ihr dieses Glück zuteil wurde.

Tag um Tag verging auf diese Weise, und Nacht um Nacht. Und jede Nacht fragte er sie: »Bist du glücklich, mein Liebes? Möchtest du, daß ich dir etwas bringe, dir etwas schenke?«

»Nichts, mein Gemahl, gar nichts. Ich will nur dich.«

»Mich hast du doch.«

»Aber ich möchte dich sehen. Ich möchte all das Schöne sehen, das ich in meinen Armen halte.«

»Du wirst es bald sehen, aber noch nicht jetzt. Die Zeit ist noch nicht reif dafür.«

»Wie du meinst, mein Liebling. Aber kannst du dann nicht wenigstens tagsüber bei mir bleiben, meinetwegen auch unsichtbar? Wieso besuchst du mich nur in der Nacht?«

»Auch das wird sich ändern, vielleicht. Aber noch nicht gleich. Es ist noch zu früh dazu.«

»Aber die Tage werden mir so lang ohne dich. Ich warte so sehnsüchtig auf den Anbruch der Nacht, daß es mir oft scheint, als käme sie nie mehr.«

»Du bist einsam. Du brauchst Gesellschaft. Möchtest du, daß deine Schwestern dich besuchen kommen?«

»Meine Schwestern – ich habe eigentlich nie mehr an sie gedacht. Wie seltsam.«

»Möchtest du eure Bekanntschaft erneuern?«

»Nun ja, vielleicht. Aber eigentlich nicht. Dich

will ich. Ich will dich sehen. Ich will dich Tag und Nacht bei mir haben.«

»Morgen werden deine Schwestern hier sein.«

Am nächsten Tag trug der Westwind Psyches ältere Schwestern auf die Burg und setzte sie windzerzaust und verwirrt im Burghof ab. Sie hatten sich sehr gefürchtet, als man sie aus ihren Gärten entführt hatte, und nun waren sie erleichtert, weil sie sich so sacht auf dem Burghof abgesetzt fanden. Um wieviel erstaunter waren sie erst, als sie ihre Schwester, die sie seit langem für tot hielten, aus der Burg kommen sahen. Sie war schöner denn je, war aufgeblüht vor Glück und prachtvoller gekleidet als jede Königin. Freudig lief sie auf die Schwestern zu, flog in ihre Arme, halste und küßte sie und hieß sie von Herzen willkommen.

Dann führte sie die Schwestern in die Burg. Die unsichtbaren Diener badeten sie und salbten sie mit Öl und servierten ihnen ein köstliches Mahl. Und mit jedem neuen Wunder, das sie erblickten, mit jedem Schatz, den ihnen die Schwester zeigte, wuchs ihre Eifersucht. Auch sie hatten sich mit Königen verheiratet, allerdings nur mit recht unbedeutenden, so daß ihnen im Vergleich mit dieser Burg ihre eigenen Paläste wie Hundehütten erschienen. Sie aßen zu Hause nicht von goldenen Tellern und tranken nicht aus Pokalen, von denen jeder ein Schmuckstück war. Ihre Diener waren von der einfachen alten, sichtbaren Art. Hier nun aßen und tranken sie mit großem Appetit, und mit jedem Bissen wuchs ihr Mißbehagen.

»Aber wo ist denn dein Gemahl?« wollte die ältere wissen. »Wieso hat er uns nicht auch willkommen geheißen? Vielleicht wollte er uns ja gar nicht hier haben.«

»O doch, o doch«, rief Psyche. »Es war ja seine Idee. Er hat seinen Diener, den Westwind, geschickt, um euch zu holen.«

»Ach so«, sagte die jüngere Schwester verächtlich, »ihm verdanken wir es also, daß wir gewaltsam ergriffen und durch die Lüfte gezerrt wurden. Eine ziemlich ruppige Art der Beförderung.«

»Aber so schnell«, entgegnete Psyche. »Reist du denn nicht gern mit dem Wind? Ich liebe es.«

»Na, du scheinst dich ja sehr verändert zu haben«, sagte darauf die ältere. »Aber damit wissen wir immer noch nicht, wo dein Gemahl sich aufhält. Es ist doch sonderbar, daß er uns offensichtlich nicht kennenlernen möchte – reichlich sonderbar.«

»Das ist gar nicht so sonderbar«, erwiderte Psyche. »Er – er ist tagsüber selten zu Hause. Er – hat gewisse Dinge zu erledigen.«

»Was für Dinge?«

»Ach, ihr wißt schon – Kriege, oder Friedensverträge, Jagden – ihr wißt doch, was die Männer so tun.«

»Er ist also oft unterwegs?«

»O nein! Nein – eigentlich – nur tagsüber. Abends kommt er wieder nach Hause.«

»Oh, dann werden wir ihn also heute abend kennenlernen. Beim Abendessen vielleicht...«

»Also ... nein ... da wird er nicht hier sein. Ich meine ... er wird hiersein, aber ihr werdet ihn nicht sehen.«

»Genau wie ich es mir gedacht habe!« rief die ältere. »Zu stolz, um sich mit uns abzugeben. Meine Liebe, ich glaube, es ist besser, wenn wir jetzt wieder nach Hause gehen.«

»Ja, wirklich«, warf die jüngere ein. »Wenn dein Gemahl zu hochmütig ist, um uns einen flüchtigen Blick auf seine erhabene Person werfen zu lassen, spüren wir nur allzu deutlich, daß wir hier nicht erwünscht sind.«

»O nein«, bat Psyche. »Hört mich bitte an. Ihr habt mich mißverstanden.«

»Das haben wir ganz und gar nicht.«

Und die arme Psyche, die die verletzenden Andeutungen ihrer Schwestern nicht länger ertragen konnte, erzählte ihnen, wie die Dinge wirklich lagen. Die beiden Schwestern saßen am Tisch und hörten zu. Sie waren so gebannt, daß sie sogar zu essen vergaßen, was für sie wirklich ungewöhnlich war.

»Ach du meine Güte!« rief die ältere. »Das ist ja schlimmer, als ich gedacht habe.«

»Sehr viel schlimmer«, bestätigte die andere. »Das Orakel hat recht behalten. Du hast ein Ungeheuer geheiratet.«

»Aber nein, nein!« rief Psyche. »Er ist kein Ungeheuer, sondern das schönste Geschöpf von der Welt!«

»Schöne Geschöpfe zeigen sich aber gern«, warf die ältere ein. »Es liegt im Wesen der Schönheit, daß sie sich allen zeigen will. Nur die Häßlichkeit versteckt sich. Du hast ein Ungeheuer geheiratet.«

»Ein Ungeheuer«, sagte die andere. »Jawohl, ein Ungeheuer – einen Drachen – eine schuppige Kreatur mit vielen Köpfen vielleicht, die junge

Mädchen verschlingt, wenn sie erst gemästet sind. Kein Wunder, daß er dir so gut zu essen gibt.«

»Ja«, stimmte die ältere zu. »Je besser du ißt, um so besser kann er dich dann verschlingen.«

»Armes Kind – wie können wir dir nur helfen?«

»Wir können ihr nicht helfen. Er ist zu mächtig – dieses Ungeheuer! Sie muß sich selbst helfen.«

»Ich will kein Wort mehr hören!« rief Psyche und sprang auf. »Ihr seid ein paar boshafte, zänkische Weiber, alle beide. Ich schäme mich für euch. Und für mich, weil ich euch überhaupt zuhöre. Ich will euch nie wieder sehen. Nie wieder!«

Sie schlug auf einen Gong. Der Tisch wurde fortgezogen. Ein Fenster ging auf, und der Westwind wehte herein, wickelte seine Arme um die beiden Schwestern, trug sie hinaus und wieder dahin zurück, wo sie zu Hause waren. Psyche blieb allein zurück, erschrocken, verbittert und unglücklich, voller Sehnsucht nach ihrem Gemahl. Doch es dauerte noch viele Stunden bis zum Anbruch der Nacht. Den ganzen

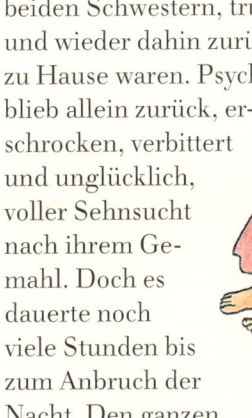

schrecklichen Nachmittag lang grübelte sie über das, was ihr die Schwestern gesagt hatten. Die Worte hatten sich in ihrem Kopf festgesetzt wie giftige Stacheln. Sie hafteten dort wie ein Geschwür und stürzten sie in fieberhaften Zweifel.

Sie wußte, daß ihr Gemahl von Herzen gut war. Sie wußte, daß er schön war. Und doch – warum erlaubte er nicht, daß sie ihn sah? Was tat er den ganzen Tag über? Auch andere Worte ihrer Schwestern kamen ihr wieder in den Sinn:

»Woher willst du wissen, was er macht, wenn er nicht hier ist? Vielleicht hat er Dutzende von Burgen über das ganze Land verteilt, und in jeder eine Fürstentochter. Vielleicht besucht er sie alle.«

Und da begann die Eifersucht, schlimmer noch als die Furcht, an ihr zu nagen. Sie hatte nicht wirklich Angst, er könne ein Ungeheuer sein. Auch Angst, gefressen zu werden, hatte sie nicht. Wenn er sie nicht liebte, wollte sie ohnehin lieber sterben, doch die Vorstellung, er könne noch andere Frauen, noch andere Burgen haben, hatte sich in ihr festgesetzt und machte sie fast wahnsinnig. Sie fühlte, daß sich all ihre Zweifel zerstreuen würden, wenn sie ihn nur sehen könnte.

Als die Dämmerung sich allmählich im Zimmer ausbreitete, nahm sie eine Lampe, beschnitt den Docht und füllte Öl hinein. Dann zündete sie die Lampe an und stellte sie in eine Wandnische, so daß man das Licht nicht sehen konnte. Sie setzte sich und wartete auf ihren Gemahl.

Spät in der Nacht, er war gerade eingeschlafen, schlich sie sich davon und holte die Lampe. Auf Zehenspitzen ging sie zurück zu ihm und hielt das Licht über ihn. Da sah sie in dem schwachen flakkernden Schein einen schlafenden Gott. Eros

selbst, der Liebesgott mit Pfeil und Bogen, der jüngste und schönste aller Götter. Selbst jetzt im Schlaf trug er den Köcher mit den Silberpfeilen bei sich. Seine Schönheit zu sehen, brachte ihr Herz zum Klingen. Sie beugte sich vor, um sein Gesicht zu küssen, dabei fiel aus der Lampe, die sie immer noch in der Hand hielt, ein Tropfen von dem heißen Öl auf seine nackte Schulter.

Er schreckte hoch, griff nach der Lampe und löschte das Licht. Sie streckte die Hand aus und spürte, wie er sie von sich stieß. Sie hörte seine Stimme, die zu ihr sprach: »Unseliges Mädchen – du bist nicht bereit, Liebe zu empfangen. Ja, ich bin die Liebe selbst, und wo man nicht an mich glaubt, kann ich nicht sein. Lebewohl, Psyche.«

Die Stimme war fort. Psyche eilte in den Burghof, sie rief hinter ihm her: »Mein Gemahl! Mein Gemahl!« Da hörte sie ein trockenes Knacken, und als sie sich umsah, war auch die Burg verschwunden. Der Burghof war verschwunden. Alles war verschwunden. Sie stand inmitten von Unkraut und Brombeergestrüpp. All das Schöne, das sie besessen hatte, war zusammen mit ihrer Liebe verschwunden.

Von dem Tag an durchstreifte sie suchend die Wälder. Und manche sagen, daß sie in Wäldern und an verborgenen Plätzen immer noch auf der Suche sei. Andere sagen, Aphrodite habe sie in eine Eule verwandelt, die am besten im Dunkeln sieht und immer wieder ruft: »Wo ...? Wo ...?«

Wieder andere meinen, sie sei in eine Fledermaus verwandelt worden, die in alten Gemäuern herumspukt und nur bei Nacht etwas sieht.

Wieder andere glauben, ihr Gemahl habe ihr schließlich verziehen; er sei zu ihr zurückgekehrt und habe sie auf den Olymp geholt, wo sie ihm bei

seiner Arbeit helfe – beim Knüpfen neuer Liebes-
bande. Ihre besondere Aufgabe sei es, das böse
Gerede der Familien der Braut und des Bräutigams ungeschehen zu machen. Wenn Mutter oder
Schwester Bräutigam oder Braut besuchen und
sagen: »Dies und das ... so und so ... am besten
überzeugst du dich selbst; glaub nur, was du siehst,
glaub nur, was du siehst«, dann ruft sie den Westwind herbei, der die Worte davonträgt, und sie
selbst, die Unsichtbare, flüstert ihnen zu, daß nur
die Liebe allein das Geheimnis der Liebe kennt
und daß glauben auch sehen bedeutet.

In gleicher Ausstattung sind erschienen:

Heimliche Hexen
208 Seiten. Mit farbigen Illustrationen
von Tatjana Hauptmann

Natalie Babbitt
Das Gebetbuch des Teufels
Geschichten aus der Unterwelt.
Aus dem Amerikanischen von Angela Scharf
160 Seiten. Mit mehr als hundert farbigen
Illustrationen von Tatjana Hauptmann

Blaue Prinzen
und andere böse Buben
Zehn ganz erstaunliche Märchen.
192 Seiten. Mit vielen farbigen
und schwarzweißen Illustrationen
von Rotraut Susanne Berner

Mondschein-Märchen
12 Geschichten für Träumer und Nachtleser.
198 Seiten. Mit vielen farbigen
und schwarzweißen Illustrationen
von Rotraut Susanne Berner